Serie Bianca Feltrinelli

UMBERTO GALIMBERTI

IL LIBRO DELLE EMOZIONI

Prima edizione in "Serie Bianca" settembre 2021

Stampa Grafica Veneta S.p.A. di Trebaseleghe - PD

ISBN 978-88-07-17400-1

FSC
www.fsc.org
MISTO
Carta
da fonti gestite in
maniera responsabile
FSC® C021883

A Trieste,
dove, all'orizzonte, il mare e il cielo si confondono
senza una visibile distinzione,
e dove Tatjana è nata e cresciuta,
e alla quale questo libro sarebbe stato dedicato
se non fosse andata ad abitare un altro cielo.
E allora a Katja, nostra figlia,
lei pure cresciuta in quelle terre.
Questa dedica va passata
ai figli che Katja e Jesper hanno messo al mondo.

Introduzione
Una terra ancora in gran parte sconosciuta

"L'emozione, ordinariamente considerata come un disordine senza legge, possiede un significato proprio, e non può essere colta in se stessa senza la comprensione di questo significato."

J.-P. Sartre, *Idee per una teoria delle emozioni* (1939)

Perché un libro sulle emozioni? Perché le emozioni, oggi particolarmente valorizzate in ogni ambito, e non di rado elogiate in modo incondizionato, mentre un tempo erano guardate con sospetto per i rischi e i pericoli che comportavano, abitano una terra ancora in gran parte sconosciuta, non perché le numerose ricerche condotte negli ultimi decenni non si siano rivelate abbastanza approfondite, ma perché le emozioni hanno la loro radice nella parte più antica del nostro cervello e i loro effetti nelle parti considerate più nobili della nostra psiche, del nostro sentimento, dei nostri vissuti, delle nostre relazioni sociali e persino delle nostre strutture mentali, che la cultura di un tempo aveva deputato al controllo, quando non alla repressione, delle emozioni.

Per esplorare questa terra ancora abbastanza sconosciuta – e che è tale, lo ripetiamo, non per carenza di studi approfonditi, ma per la natura stessa del mondo emozionale che coinvolge gli scenari all'apparenza più lontani, che vanno dalla neurobiologia alla psicologia, dalla pedagogia alla sociologia, fino alla costruzione del pensiero logico-razionale, che a sua volta assume forme diverse a seconda delle culture in cui si esprime – ci è parso opportuno, oltre che corretto, segnalare innanzitutto da quali modelli teorici si prendono le mosse per la descrizione e la trattazione del mondo emozionale.

Non basta infatti dire: parlo in qualità di neurologo, di psicologo, di sociologo, di neuroscienziato, di informatico, di operatore di mercato, perché tutte queste discipline, a prescindere dal fatto che se ne abbia o meno consapevolezza, affondano le loro radici in una determinata concezione filosofica. Se essa non viene messa in luce ed evidenziata, non è possibile, restando chiusi nel proprio ambito disciplinare, giustificare tutto ciò che si dice e si scrive sulle emozioni, perché non si è consapevoli della radice da cui si genera la narrazione di tutte queste discipline.

La prima radice – illustrata nella *Prima parte* – è stata inaugurata oltre duemila anni fa da Platone, ed è ancora oggi viva e vegeta. Essa concepisce l'uomo composto da anima e corpo e, partendo da questo punto di vista, guarda le emozioni attribuendole al corpo, ora in conflitto ora in accordo con l'anima. Questo modello lo ritroviamo anche alla base dello sguardo scientifico, che con il termine "corpo" intende propriamente l'"organismo" e con la parola "anima", che oggi appare troppo carica di vissuti religiosi, intende la "mente".

In contrapposizione a questo modello inaugurato da Platone, ripreso e reso ancor più rigoroso da Cartesio e portato al suo apice dall'odierna mentalità scientifica, ha fatto la sua comparsa, nella prima metà del secolo scorso, un secondo modello – illustrato nella *Seconda parte* –, che chiamiamo *fenomenologico*, perché descrive i fenomeni come si vedono e non come si presentano alle ipotesi formulate dalla scienza. Questo modello, nato in ambito filosofico, concepisce l'uomo come "corpo" (da non confondere con l'organismo) in relazione non all'anima, ma al "mondo" che lo sollecita, lo stimola, lo impegna. La differenza tra i due modelli è simile alle diverse emozioni che si provano quando si guarda un paesaggio su una carta geografica (modello platonico) rispetto a quelle che possono essere suscitate dallo stesso paesaggio visto dal vivo (modello fenomenologico).

All'illustrazione di questi due modelli segue una *Terza parte* che descrive come si vivono le emozioni nel nostro tempo, caratterizzato dalla progressiva espansione della razionalità tecnica, la quale determina un'ambivalenza emotiva che prevede, da un lato, la rimozione delle emozioni come richiesto da tale razionalità e, dall'altro, una reazione contro questa razionalità, che si esprime con una ritirata emotiva nel proprio sentimento assunto come unica legge di vita.

A ciò si aggiungono l'esibizione pubblica dei propri vissuti emotivi per acquistare visibilità e notorietà, dove la spudoratezza viene spesso scambiata per sincerità, e la mercificazione delle emozioni che, oltre a essere messe a loro volta sul mercato come qualsiasi merce, sono usate per orientare le scelte dei prodotti pubblicizzati non su base razionale ma su base emotiva. A questa utilizzazione non sfugge neanche la politica nella sua versione populista, per non parlare del modello, oggi sempre più diffuso, di felicità, identificata con la salute emotiva e con la capacità di uscir fuori da ogni forma di sofferenza, per la qual cosa è stata coniata una nuova e inutile parola: "resilienza".

Per effetto di questa sottile falsificazione ci viene fatto credere che vivere le proprie emozioni sia l'unico vero spazio in cui poter esprimere la nostra autenticità, salvo poi accorgerci che questo spazio già da tempo non è più nostro, perché già da tempo ci è stato sottratto per essere codificato dalle esigenze della visibilità, del successo e del mercato.

La *Quarta parte* invita a sorvegliare il futuro dei nativi digitali che ancora non hanno capito che la rete non è un "mezzo" a loro disposizione che possono usare a loro piacimento, ma è un "mondo" (che appartiene a una categoria diversa da "mezzo") in cui sono immersi. Un mondo che li codifica a loro insaputa, modificando il loro modo di pensare e di sentire, con effetti di "de-realizzazione", per cui non sempre è facile distinguere la distanza che esiste tra reale e virtuale, dal momento che la piazza che i nativi digitali frequentano non è quella reale, ma quella virtuale dei social, e con effetti di "de-socializzazione", dovuta a quella solitudine di massa tipica di chi vive, opera e comunica unicamente con i canali della rete, perdendo, in una società che si fa sempre più complessa, quella necessaria competenza sociale che non si scarica da un sito web.

La *Quinta parte*, infine, è dedicata agli effetti che la digitalizzazione della scuola ha sull'educazione delle emozioni e dei sentimenti dei nostri ragazzi, prendendo le mosse da quella trasformazione antropologica che, con l'avvento dell'informatica, ha determinato la progressiva prevalenza dell'*homo videns* sull'*homo sapiens*.

La scuola, che si limita a "istruire" perché, per ragioni oggettive e per ragioni soggettive, non è in grado di "educare", non tiene conto di questa trasformazione e, oltre a essere incapace di discernere la diversità e la specificità dell'intelligenza propria di ogni singolo studente, ancora non ha capito che, senza un'adeguata educazione delle emozioni e dei sentimenti, anche l'intelligenza non si apre.

Parlo di quell'educazione capace di percorrere il tragitto che, dalle "pulsioni" che tutti noi abbiamo per natura, conduce alle "emozioni", che consentono ai nostri ragazzi di acquisire quella "risonanza emotiva" che permette loro di "sentire" immediatamente, prima ancora di riflettere, la differenza tra il bene e il male, tra ciò che è grave e ciò che grave non è.

Questo tragitto educativo si conclude con il passaggio dalle emozioni ai "sentimenti", che non sono un fatto naturale, ma culturale. *I sentimenti si imparano*. E quale miglior repertorio di sentimenti esiste se non la letteratura, dove si apprende cosa sono la gioia, la tristezza, l'entusiasmo, la noia, la tragedia, la speranza, l'illusione, la malinconia, l'esaltazione? Educati dalle pagine letterarie, i nostri ragazzi possono disporre di mappe mentali che, in presenza del dolore, ad esempio, sono in grado di indicare, se non le vie d'uscita, almeno le modalità per reggerlo.

E questo perché, fino ai diciotto anni, tutte le scuole – dagli istituti tecnici ai licei classici e scientifici – sono scuole di *formazione*. Si tratta di formare l'uomo. Le competenze si acquisiscono dopo. Perché non è un uomo colui che è competente senza avere alle spalle una formazione che gli consenta di svolgere con retto giudizio e adeguata comprensione la professione che in seguito sceglierà.

Perché questo tragitto educativo possa compiersi sono necessarie due condizioni:

1) una *oggettiva*, che prevede che le nostre scuole siano composte da classi con dodici o al massimo quindici studenti, altrimenti è impossibile individuare le differenti intelligenze che caratterizzano ciascuno studente e tanto meno i differenti percorsi emotivi che le condizionano;

2) una *soggettiva*, che prevede insegnanti che, oltre a un'adeguata preparazione di psicologia dell'età evolutiva, visto che hanno a che fare con ragazzi in quell'età incerta che si chiama adolescenza, dispongano anche di quella virtù che si chiama "empatia", che non si impara, perché la si possiede per natura. E chi non la possiede, per il suo bene e per quello degli alunni, non deve insegnare, onde evitare quella distanza, che spesso si riscontra, fra le domande segrete che gli studenti comprimono nel loro cuore e la risposta che la scuola dà ai percorsi a rischio di troppi ragazzi.

Parte prima
Il modello platonico: le emozioni e il dualismo anima e corpo

"Fino a quando noi possediamo il corpo e la nostra anima resta invischiata in un male siffatto, noi non raggiungeremo mai in modo adeguato ciò che ardentemente desideriamo, vale a dire la verità. [...] Pertanto, nel tempo in cui siamo in vita, come sembra, noi ci avvicineremo tanto più al sapere quanto meno avremo relazioni con il corpo e comunione con esso. [...] E così, liberati dalla follia del corpo (*tēs toũ sómatos aphrosýnes*), come è verosimile, ci troveremo con esseri puri come noi e conosceremo, nella purezza della nostra anima, tutto ciò che è puro: questo io penso è la verità."

Platone, *Fedone*, 66b-67a

"Siccome osservo che nessun'altra cosa appartiene necessariamente alla mia natura o alla mia essenza, tranne l'essere una cosa pensante, concludo che la mia essenza consiste in ciò solo: che io sono una cosa pensante o una sostanza la cui essenza e natura è soltanto quella di pensare. E sebbene io abbia un corpo, al quale sono assai strettamente congiunto, tuttavia, poiché da un lato ho una chiara e distinta idea di me stesso, in quanto sono solamente una cosa pensante e inestesa, e da un altro lato ho un'idea distinta del corpo, in quanto esso è solamente una cosa estesa e non pensante, è certo che questo io, cioè la mia anima, per la quale sono ciò che sono, è interamente e veramente distinta dal mio corpo, e può essere o esistere senza di lui."

R. Descartes, *Meditazioni metafisiche sulla filosofia prima* (1641), Sesta meditazione

1.
La mente e il cuore

Ragioniamo con la mente, amiamo e odiamo con il cuore. Questa è la condizione dell'uomo, attratto dalla mente che esercita il suo controllo sulle passioni, ma anche sedotto dalle passioni che sfuggono al controllo della mente.

Questa condizione è stata descritta da Platone nel mito dell'auriga,[1] che guida verso il cielo un carro alato trainato da due cavalli, uno bianco e uno nero. L'auriga rappresenta l'anima razionale che con le sue redini tiene a bada il cavallo bianco che rappresenta l'anima irascibile, e il cavallo nero che rappresenta l'anima concupiscente. Ogni uomo possiede tutte e tre le anime. Se a prevalere è l'anima razionale, questa controlla sia l'irascibilità, che può essere convertita in coraggio, sia la concupiscenza che può essere tenuta a bada con la temperanza.

A un certo punto il cavallo nero sbanda e fa precipitare con sé tutto il carro e l'auriga che lo governa. Ciò accade, secondo Platone, quando ci si lascia guidare dai sensi invece che dalla ragione, e in questo modo il carro perde il suo equilibrio e manca la sua

[1] Platone, *Fedro*, 246a-d; 253c-255b.

meta, che è quella di raggiungere il cielo dove sono le idee, modello e misura di tutte le cose, senza le quali naufraga la conoscenza e con essa la retta conduzione della vita.

La mente e il cuore. Platone invita a privilegiare la mente razionale capace di governare le passioni del cuore. Ma noi non possiamo dimenticare che anche il cuore ha le sue ragioni. Anzi, prima che la mente giungesse a guidare l'uomo, per i nostri antenati la vita era governata dal cuore, che con le sue sensazioni arrivava a capire, come peraltro fanno gli animali, in modo rapido e senza riflettere, che cosa è vantaggioso e che cosa è pericoloso per il mantenimento della vita stessa. Il cuore promuove le azioni più rapidamente della ragione e senza troppo indugiare sul da farsi, perché il mondo non è ospitale e i pericoli, che sono a ogni passo, richiedono decisioni immediate.

Ne è prova il fatto che, se ci portiamo all'origine dei tempi, non possiamo non constatare che il genere umano, se non si fosse fatto guidare dalle emozioni, probabilmente si sarebbe estinto. Nel procacciarsi il cibo per la sua sopravvivenza, infatti, l'uomo primitivo doveva curarsi anche di non diventare cibo per altri. E come avrebbe potuto se nella ricerca del cibo, oltre al *desiderio* di trovare la preda, non ci fosse stata anche la *paura* che lo metteva in guardia dal pericolo di diventare a sua volta preda di altri animali?

È allora chiaro che, nel mondo primitivo, le decisioni del cuore erano promosse dalle emozioni come la *paura* che il cuore avverte di fronte al pericolo, o come il *desiderio* che approda all'accoppiamento per la preservazione della specie. Tutto questo senza riflettere, perché la luce della ragione ancora non c'era.

Per sopravvivere, l'intervallo tra la percezione del fattore che scatena l'emozione e l'azione promossa dall'emozione per difendersi dal pericolo che incombe, o per non farsi sfuggire la preda oggetto del desiderio, deve essere un intervallo brevissimo da percorrere e l'azione corrispondente istantanea. La modalità percettiva del cuore vede infatti le situazioni simultaneamente nella loro totalità e, nel corso dell'evoluzione, i nostri antenati, che ancora non disponevano di una mente razionale, con il loro giudizio intuitivo promosso dall'emozione del cuore potevano sbagliarsi, e anche morire se di fronte al pericolo non avessero agito immediatamente. In questo senso è possibile dire che le emozioni del cuore sono state indispensabili per evitare che il genere umano si estinguesse, e concordare con Daniel Goleman là dove dice che "le emozioni ci hanno guidato con saggezza nel lungo cammino dell'evoluzione".[2]

Ora, se è vero che l'*ontogenesi*, vale a dire l'evoluzione di ciascuno di noi a partire dalla nascita, ricapitola la *filogenesi*, ossia l'evoluzione della specie, è possibile constatare come il bambino, che ancora non possiede l'uso della ragione, al pari dei nostri antenati si orienta nel mondo su base emotiva e, non potendosi difendere da solo, urla in presenza di un disagio o di un pericolo, mentre si acquieta in uno stato di beatitudine quando i suoi bisogni primari sono soddisfatti.

Con la comparsa della ragione le emozioni del cuore non solo non si spengono, ma non di rado si accentuano e spesso confliggono. Questo conflitto raggiunge il suo apice nel periodo dell'adolescenza, quando le emozioni dettate dal cuore sono ancora molto forti e gli strumenti a disposizione della ragione per controllarle ancora troppo deboli.

Questo è il motivo per cui negli adolescenti, che non sono più bambini e non sono ancora adulti, le emozioni e i sentimenti prevalgono sull'ordine razionale nel guidare nel bene e nel male la loro esistenza.

[2] D. Goleman, *Emotional Intelligence* (1995); tr. it. *Intelligenza emotiva*, Rizzoli, Milano 1996, p. 23.

Inoltre, proprio perché le emozioni vissute in quell'età incerta che è l'adolescenza hanno le loro radici nell'infanzia, da cui gli adolescenti si sono appena congedati, riconoscerne l'origine torna loro utile per sapere a quali emozioni affidarsi e a quali non affidarsi, per non incorrere in troppe inquietudini o in troppe sconfitte nel corso della loro crescita.

L'adolescenza, infatti, è caratterizzata da gesti che ancora non diventano stili di vita, azioni che si esauriscono nei gesti, progetti che si dileguano tra i sogni, passioni di un giorno cancellate da una notte, incertezze di un corpo che soddisfa e non soddisfa a seconda delle ore del giorno, infedeltà ai modelli che si assumono per darsi un contegno, trasgressioni che si rinnovano per la creazione di un ordine nuovo.

L'adolescenza è la stagione in cui fa la sua comparsa una sessualità appena accennata e ancora imprecisa, dove il cuore non sa se affidarsi agli ideali che hanno accompagnato fino ad allora la crescita, o agli inviti che giungono da una passione ancora confusa e dai contorni indefiniti. Sguardi cattivi che non sanno se scatenarsi su di sé o sugli altri, vigilie di notti in cui si sogna una vita al di là delle misure concesse, in quella gioiosa confusione dove non di rado si annuncia fugace anche l'ombra della morte. Malinconie radicali che nessun diario riesce a contenere, perché l'intensità delle emozioni e dei sentimenti è troppo al di là delle parole a disposizione, e quindi incerto si fa l'incedere lungo le tappe inconcluse di quel cammino che ancora non conosce la sua meta.[3]

[3] Per un approfondimento delle tematiche qui esposte, sia nell'ambito del mondo della vita sia nell'ambito clinico, consiglio i saggi di E. Borgna, *L'arcipelago delle emozioni* (Feltrinelli, Milano 2001), *Le intermittenze del cuore* (Feltrinelli, Milano 2003) e *Le emozioni ferite* (Feltrinelli, Milano 2009).

2.
Che cos'è un'emozione?

L'emozione è una reazione affettiva intensa con insorgenza acuta e di breve durata, determinata da uno stimolo ambientale come può essere un pericolo, o mentale come può essere un ricordo. L'etimologia della parola "emozione" (da *ex-movere*) lascia intendere che essa è una forza dinamica che ci consente, prima che intervenga una mediazione razionale, di muoverci nel mondo ricercando i piaceri ed evitando i dispiaceri in vista della conservazione della specie. In questo senso è possibile dire che le emozioni hanno guidato il cammino dell'evoluzione fino alla comparsa, nei mammiferi superiori, della neocorteccia cerebrale, che è la sede della mente razionale.

Questa definizione lascia intendere la nostra parentela con il mondo animale. In comune abbiamo la parte più primitiva del cervello, costituita dal tronco cerebrale che circonda l'estremità cefalica del midollo spinale, e che per comodità chiameremo *cervello antico*. Questa struttura primitiva, che regola le funzioni vegetative fondamentali come il respiro e il metabolismo degli altri organi, è la sede dei centri regolatori programmati per mantenere il corretto funzionamento e l'appropriata reattività dell'organismo allo scopo di assicurarne la sopravvivenza.

Da questa struttura derivano i centri emozionali, e questa è la ragione per cui, quando sopraggiunge una forte emozione, abbiamo reazioni *fisiologiche*, che investono le funzioni vegetative, come la circolazione sanguigna, la respirazione, la sudorazione, le funzioni motorie con ipertensione muscolare, e quelle sensorie con vari disturbi alla vista e all'udito; reazioni *viscerali*, che si manifestano con la perdita temporanea del controllo neurovegetativo e l'incapacità di astrazione dal contesto emozionale; reazioni *espressive*, che riguardano la mimica facciale, gli atteggiamenti del corpo e le abituali forme di comunicazione; reazioni *psicologiche*, che si manifestano con riduzione dell'autocontrollo, difficoltà ad articolare logicamente azioni e riflessioni, diminuzione della capacità critica.

Circa la natura delle emozioni, due sono le teorie che si contrappongono: quella *innatistica* di Charles Darwin,[4] secondo la quale le manifestazioni emotive sono residui di risposte un tempo funzionali al processo evolutivo (ad esempio, il riso beffardo sarebbe il residuo del ghigno ringhioso con cui l'animale si prepara ad attaccare); e quella *anti-innatistica*, che si basa sulla constatazione che molte emozioni hanno un significato diverso da cultura a cultura e, nello stesso soggetto, da momento a momento, per cui è impossibile stabilire una corrispondenza tra situazione ed emozione, mentre è probabile un'interpretazione dell'emozione come variabile individuale nel percepire la situazione come pericolosa o come desiderabile, o semplicemente neutra al punto da non richiamare alcuna emozione.

[4] Ch. Darwin, *On the Origin of Species by Means of Natural Selection, or the Preservation of Favoured Races in the Struggle for Life* (1859); tr. it. *L'origine delle specie. Selezione naturale e lotta per l'esistenza*, Bollati Boringhieri, Torino 1967.

Se c'è contrasto interpretativo sulla natura innata o acquisita dell'emozione, ce n'è meno sulla sua struttura, che prevede tre fasi: *percezione*, *commento* e *ammortizzamento*.

a) La prima fase corrisponde alla percezione di una situazione o alla sua evocazione che genera una *destabilizzazione* a tutti i livelli di organizzazione, per cui è impossibile stabilire un rapporto di proporzionalità tra stimolo e risposta. Questa fase può essere istantanea o differita; in questo secondo caso la reazione è più forte e dura più a lungo. In ogni caso, non c'è percezione che non sia accompagnata da tonalità emotiva.

b) La seconda fase è caratterizzata da uno stato di *tensione* connotato da "privazione" degli abituali schemi di organizzazione a cui il soggetto solitamente ricorre, e "potenzialità" per una nuova attualizzazione del campo di possibilità. Quanto più ampio è lo scarto tra privazione e potenzialità, tanto più duraturi e destrutturanti finiscono con l'essere gli effetti dell'emozione.

c) La terza fase è caratterizzata dall'entrata in gioco dei meccanismi omeostatici che ristrutturano schemi di risposte organizzate producendo *distensione*, che non è un ritorno allo stato precedente la tensione, ma un guadagno organizzativo ottenuto dalla potenzialità liberata dalla destrutturazione.

A questo punto è utile inoltre distinguere l'*emozione in atto*, che si verifica episodicamente quando, in occasione di un evento spiacevole o piacevole, ci si arrabbia o si esprime una gioia entusiastica, dalla *disposizione emotiva* che è propria di chi ha la tendenza a provare emozioni in atto. Le due figure non coincidono, perché uno può esprimersi in un atto d'ira senza essere tendenzialmente irascibile, così come chi ha una predisposizione all'ira non è costantemente adirato, ma la sua predisposizione fa sì che si adiri ogni volta che un evento la richiama.

Nelle disposizioni emotive rientrano tutti i nostri pregiudizi e stereotipi, come ad esempio la misoginia o il razzismo, dove la minima stimolazione (una donna o un uomo di colore incontrati per strada) è sufficiente a provocare un'emozione in atto, che non si verifica in chi, non avendo simili pregiudizi, non è predisposto. Inoltre, mentre l'emozione in atto è improvvisa e intensa ma di breve durata, la disposizione emotiva all'amore, ad esempio, o al disprezzo è meno intensa e ancor meno improvvisa, ma può durare anche tutta la vita ed essere suscitata da qualsiasi evento in grado di richiamarla.

Resta infine da sottolineare il carattere *adattivo* delle emozioni, nel senso che, grazie a loro, ci adattiamo alle situazioni importanti senza perdere tempo a riflettere, come nel caso dell'emozione suscitata dalla percezione di una situazione pericolosa che induce, in una frazione di secondo, ad attivare, anche senza una preparazione, azioni di attacco o di fuga.

Fanno eccezione quelle emozioni che lentamente, impercettibilmente e talvolta a nostra stessa insaputa, maturano dentro di noi senza che ne abbiamo la consapevolezza, al punto da non avvertirne la forza o la pericolosità finché, come scrive Michel de Montaigne: "Quando il pericolo è cresciuto non se ne trova più il rimedio".[5] È il caso della passione amorosa che, non avvertita all'inizio, a poco a poco e in modo impercettibile si impadronisce del soggetto fino a un punto di non ritorno, oltre il quale non si è più in grado di controllarla.

Con l'esempio riportato abbiamo introdotto il termine *passione*, che è un sinonimo di emozione, ma nel nome lascia intendere una condizione di *passività*. Le emozioni, infatti, non le scegliamo, ma le su-

[5] M. de Montaigne, *Essais* (1580-1588); tr. it. *Saggi*, Bompiani, Milano 2012, p. 121.

biamo passivamente. Sono eventi e non azioni, anche se poi, come vedremo, innescano azioni come risposta alle emozioni che abbiamo subìto. Queste azioni evidenziano il carattere adattivo delle emozioni che, qualora non fossero avvertite, non ci consentirebbero di rispondere in modo adeguato al pericolo, e più in generale all'evento sopraggiunto che l'emozione ci segnala.

Va da sé che possiamo attivare un'emozione anche solo con il ricordo di un evento piacevole o di uno spiacevole. Dove però è evidente che l'emozione che attiviamo con il ricordo dell'evento dipende dal richiamo all'emozione che abbiamo subìto in occasione dell'evento evocato dalla memoria.

3.
Interpretazione delle emozioni

Esistono diverse teorie delle emozioni a seconda dei presupposti assunti e degli ambiti scientifici da cui si prendono le mosse per la loro interpretazione. Tra le più significative ricordiamo:

1) *La teoria di Darwin* offre una lettura evoluzionistica fondata su tre principi: *a*) *il principio delle abitudini associate* per cui, se lottando si mostrano i denti, questo atteggiamento diverrà il modo di esprimere la collera, se si sporgono le labbra per sputare, questo movimento verrà adottato per esprimere ribrezzo; *b*) *il principio dell'antitesi* per cui, se il rannicchiarsi è un movimento con cui ci si difende da un'aggressione, l'aprirsi del corpo indicherà l'emozione contraria; *c*) *l'azione diretta del sistema nervoso* per cui alcune reazioni, come quella di tendersi e contorcersi nel dolore, sono un'intensa e diffusa risposta fisiologica, che oggi si chiamerebbe "attivazione", che poi viene assunta per "abitudine associata". Il principio evoluzionistico della teoria di Darwin potrebbe giustificare l'ipotesi diffusa che nell'emozione vi siano delle componenti primitive

tra cui il controllo esercitato su di essa dalle parti più antiche del cervello.[6]

2) *La teoria di William James*[7] *e Carl Lange*[8] sostiene l'importanza della risposta somatica nella percezione soggettiva delle emozioni per cui "si ha paura perché si scappa", "si prova ira perché ci si scontra fisicamente". Questa interpretazione, pur nella sua paradossalità, sottolinea il fenomeno di retroazione o feedback delle risposte somatiche scatenate dalle emozioni, per cui se qualcuno ci insegue scappiamo prima di avere il tempo di riconoscere il nostro stato emotivo. La plausibilità della teoria sta proprio nel fatto che il riconoscimento dell'emozione avviene dopo la risposta fisiologica.

3) *La teoria funzionalista* elaborata da John Dewey[9] integra la teoria di Darwin e quella di James e Lange interpretando le emozioni come funzioni psichiche che permettono una valutazione delle situazioni ambientali in funzione dell'adeguamento. Le emozioni si accentuano in presenza di un grave ostacolo che impedisce l'attività adattiva, per cui, se la lotta e la fuga sono attività adattive, i loro connotati emozionali sono modesti se esse possono realizzarsi, mentre si fanno più acuti, assumendo i toni della rabbia o della paura, se un ostacolo impedisce l'azione.

La connessione tra cattivo adattamento e reazione emotiva è stata sottolineata anche da Pierre Janet,[10]

[6] Ch. Darwin, *The Expression of the Emotions in Man and Animals* (1872); tr. it. *L'espressione delle emozioni nell'uomo e negli animali*, Bollati Boringhieri, Torino 1982.

[7] W. James, *What is an Emotion?*, in "Mind", n. IX, 1884.

[8] C.G. Lange, *Les émotions*, Presses Universitaires de France, Paris 1885.

[9] J. Dewey, *The Theory of Emotion*, in "Psychological Review", 1895, pp. 13-32.

[10] P. Janet, *De l'angoisse à l'extase*, Alcan, Paris 1926.

che definisce l'emozione "reazione dello scacco", descrivendola come una forma di comportamento non riuscito o di grado inferiore al buon adattamento.

Una funzione adattiva e non di "scacco" è sostenuta da Stanley Hall e James Rowland Angell, esponenti del funzionalismo americano. Secondo Angell: "Le emozioni sembrano in rapporto solamente con l'organismo fisico e così strettamente connesse con le strutture del corpo, attraverso l'eredità, che servono a proteggere dal male o a conseguire dei vantaggi, senza l'intervento della riflessione".[11] Ciò che accomuna le posizioni a orientamento funzionalista è l'attenzione posta sul significato delle funzioni emotive anziché sulla loro descrizione, e sulla relazione dell'emozione con l'ambiente anziché con la coscienza o con il sistema nervoso.

4) *La teoria comportamentista* di John Broadus Watson e Rosalie Rayner[12] interpreta l'emozione come una risposta periferica dell'organismo a stimoli periferici. A partire da questo principio Watson individua tre emozioni fondamentali: la *paura* come risposta a rumori molto intensi o a mancanza d'assistenza; la *collera* come risposta al disagio provocato da fasciature troppo strette; e l'*amore* come risposta alle carezze e al dondolamento. Tutte le altre emozioni si instaurano nell'organismo mediante un processo di condizionamento a partire dalle tre emozioni primitive lette come risposte periferiche a stimoli periferici.

In ambito comportamentista si è proceduto a classificazioni non dedotte dal "significato" dell'emozione, ma indotte dal comportamento nel suo adattarsi o di-

[11] J.R. Angell, *Psychology*, Holt, New York 1904, p. 26.

[12] J.B. Watson, R. Rayner, *Conditioned Emotional Reactions*, in "Journal of Experimental Psychology", n. 3, 1920.

sadattarsi alla situazione. Così Charles E. Osgood[13] assume come criteri la piacevolezza (P), l'attivazione (A) e il controllo (C) della situazione, dalla cui diversa combinazione risultano le emozioni fondamentali come la gioia (P+, A+, C neutro), la compiacenza (P+, A, C neutro), la ripugnanza (P, A+, C+), l'orrore (P, A+, C), la noia (P, A, C+) e la disperazione (P, A, C).

Dal canto suo, Robert Plutchik[14] cataloga le emozioni in base ai processi adattivi del comportamento, per cui avremo la paura (protezione), la rabbia (distruzione), la tristezza (reintegrazione), la gioia (riproduzione), l'accettazione (affiliazione), il disgusto (rifiuto), l'attesa (esplorazione) e la sorpresa (orientamento).

Da queste emozioni considerate *primarie* Carroll E. Izard[15] ricava quelle *complesse*, come ad esempio l'amore, che è un misto di gioia e accettazione. Questi due modelli sono paradigmatici del modo di procedere in ambito comportamentista, dove o si identifica un piccolo numero di emozioni fondamentali dalla cui combinazione nascono quelle complesse, o si identificano pochi attributi fondamentali di molte emozioni dalla cui combinazione nascono le diverse emozioni. Come si vede, i due approcci sono sostanzialmente empirici, perché nulla vieta di considerare come emozione fondamentale quella che nell'altra catalogazione è un attributo di molte emozioni.

5) *La teoria gestaltica* interpreta l'emozione come l'effetto di una buona o una cattiva forma che l'ambiente assume agli occhi dell'individuo. Kurt Koffka afferma: "Un paesaggio può apparire triste anche se

[13] Ch. Osgood, *Method and Theory in Experimental Psychology*, Oxford University Press, New York 1956.

[14] R. Plutchik, *The Emotions. Facts, Theories and a New Model*, Random House, New York 1962.

[15] C.E. Izard, *Human Emotions*, Plenum Press, New York 1977.

personalmente siamo del tutto allegri. Un pioppo non può forse apparire superbo? Una giovane betulla timida? E non ha forse Wordsworth immortalato la gioia degli asfodeli?".[16] Questi connotati emozionali delle nostre percezioni non sono solo il frutto delle proiezioni dei nostri stati d'animo all'esterno, ma derivano dalle forme (*Gestalten*) secondo le quali i dati esperienziali si organizzano nella nostra percezione. La percezione è sempre un'attribuzione di significato, e che uno stimolo susciti un'emozione è già di per sé un'attribuzione di significato.

6) *La teoria omeostatica* di Walter Bradford Cannon[17] assegna invece al sistema nervoso centrale il ruolo fondamentale nel meccanismo dell'emozione, per cui in risposta a una stimolazione eccessiva, come avviene nel caso di una situazione emotiva, l'organismo libera una quantità di energia potenziale che consente la preparazione di reazioni intensive adeguate, anche se non disgiunte da una disorganizzazione dei comportamenti dovuti a questa liberazione energetica.

7) *La teoria dell'attivazione*, sostenuta da Magda B. Arnold[18] e Donald B. Lindsley,[19] integra gli elementi più validi della teoria periferalistica con quella centralistica di Cannon, perché sostiene che lo stimolo determina a livello della corteccia un eccitamento, che a sua volta ha il doppio e contemporaneo effetto

[16] K. Koffka, *Principles of Gestalt Psychology* (1935); tr. it. *Principi di psicologia della forma*, Bollati Boringhieri, Torino 1970, nuova edizione riveduta 2006, p. 342.

[17] W.B. Cannon, *The Wisdom of the Body* (1932); tr. it. *La saggezza del corpo*, Bompiani, Milano 1956.

[18] M.B. Arnold, *Emotion and Personality*, Columbia University Press, New York 1960.

[19] D.B. Lindsley, *Emotion*, in S.S. Stevens (a cura di), *Handbook of Experimental Psychology*, Wiley, New York 1951, pp. 473-516.

di suscitare un atteggiamento emotivo e di liberare schemi dinamici ipotalamici che si esprimono a livello periferico, le cui alterazioni vengono percepite come lo stimolo iniziale, e di rimbalzo modificano l'atteggiamento emotivo che ha sede nella corteccia.

8) *La teoria percettivo-motivazionale* accoglie la teoria dell'attivazione secondo la quale l'emozione non è solo passione ma anche azione, precisando però che l'azione è anche "organizzazione". Questa impostazione consente la costruzione di una sequenza che prevede queste fasi: percezione-valutazione-emozione-espressione. Così, se l'emozione, termine medio di questa serie, si accosta a situazioni spiacevoli, innesca un'azione organizzata volta a evitarle e a porvi fine.

Robert W. Leeper, a sua volta, articola questa teoria in tre principi: *a*) non bisogna accentuare il carattere di rottura delle emozioni perché i processi emotivi proseguono nell'organizzazione di comportamenti; *b*) questi comportamenti sono motivati; *c*) la motivazione è strettamente connessa alla percezione della situazione.[20]

9) *La teoria fenomenologica* riprende la relazione emozione-motivazione in base al principio che l'uomo abita il mondo con *senso*. Un senso che l'emozione rende incerto e la motivazione ricostruisce a partire da un nucleo di certezze che permette di dirigersi verso oggetti che, dopo l'azione di incertezza provocata dall'emozione, la motivazione riconosce. L'incertezza provocata dall'emozione è dovuta alla sensazione di non poter evadere dal presente, per cui l'"e-sistenza", originariamente aperta al mondo, si trova costretta all'"in-sistenza" in un mondo senza passato e senza

[20] R.W. Leeper, *A Motivational Theory of Emotion to Replace "Emotion as Disorganized Response"*, in "Psychological Review", n. 55, 1948.

futuro. A restituire all'esistenza queste dimensioni temporali è la motivazione o ricerca di senso che spezza l'insistenza emotiva, dilatandola nelle dimensioni temporali che lo stato emotivo chiude.[21]

Sul piano dello spazio, la ricerca di senso apre all'esplorazione che invece è preclusa dall'emozione che concentra lo spazio in un punto che sfugge a ogni localizzazione possibile. L'emozione riflette la costrizione del mondo esterno che rende impossibile ogni rapporto, mentre la ricerca di senso, che si esprime nella motivazione, proietta una necessità interna attraverso la quale un'interiorità si afferma su un ambiente. Nell'interazione di questi due momenti, il soggetto avverte il suo limite (emozione) come relazione (ricerca di senso, o motivazione).[22]

10) *La teoria psicoanalitica* ritiene che le emozioni siano affetti, ossia quanti di energia legati alle idee, e che la loro presenza alteri l'equilibrio psichico e interferisca nell'adattamento. In proposito Heinz Hartmann scrive: "Dal punto di vista della psicologia delle nevrosi, l'azione affettiva, in contrasto con l'ideale teorico dell'azione razionale, appare spesso come un misero residuo di condizioni mentali primitive e come una deviazione dalla norma. [...] Tuttavia noi ben sappiamo la parte cruciale che l'affettività ha nell'organizzare e facilitare molte funzioni dell'Io. Questo intendeva Freud quando disse che non bisogna aspettarsi che l'analisi liberi l'uomo da ogni passione".[23]

La psicoanalisi non ha accolto la distinzione, in-

[21] E. Minkowski, *Le temps vécu* (1968); tr. it. *Il tempo vissuto*, Einaudi, Torino 1971.

[22] B. Callieri, *Lo spazio vissuto* (1977), in "Psyche", nn. 3-40, 1989, pp. 59-74.

[23] H. Hartmann, *Ich-Psychologie und Anpassungsproblem* (1939); tr. it. *Psicologia dell'Io e problema dell'adattamento*, Bollati Boringhieri, Torino 1966, p. 131.

trodotta da William McDougall[24] nel 1908, tra emozioni primarie come la paura, l'ira, la tenerezza ed emozioni complesse come l'ammirazione, l'invidia, il rispetto, perché spesso si è trovata a interpretare emozioni semplici come l'odio quali conseguenze di quelle complesse come l'ira, o a supporre emozioni complesse come l'invidia all'inizio della vita psicologica.

11) *La teoria sociologica*. In questo ambito Rom Harré distingue emozioni "egoistiche" che possono essere di affermazione di sé o di difesa di sé, emozioni "altruistiche" che vanno da quelle sessuali e familiari a quelle propriamente sociali, ed emozioni "superiori" che producono tonalità affettive che oltrepassano la sfera Io-Tu, per abbracciare il sociale o l'umano. Secondo questa teoria le emozioni vengono considerate in relazione alle ideologie, alla convalida e al rafforzamento delle convinzioni di gruppo, alla frequenza di determinate emozioni a seconda dello stato sociale, della cultura di appartenenza, dell'organizzazione gerarchica o egualitaria della società.[25]

12) *La teoria insiemistica* di Ignacio Matte Blanco considera l'emozione come il prodotto di uno stimolo che è percepito come esterno anche se proviene dal nostro corpo, perché, "in quanto oggetto di percezione, anche il nostro corpo ci è alieno, cioè alieno alla nostra intimità".[26]

Lo stimolo esterno è investito dal "pensiero del-

[24] W. McDougall, *An Introduction to Social Psychology*, Methuen, London 1908.

[25] R. Harré, *The Social Construction of Emotions* (1986); tr. it. *La costruzione sociale delle emozioni*, Giuffrè, Milano 1992.

[26] I. Matte Blanco, *The Unconscious as Infinite Sets. An Essay in Bi-logic* (1975); tr. it. *L'inconscio come insiemi infiniti. Saggio sulla bi-logica*, Einaudi, Torino 1981, p. 289.

l'emozione", che differisce dal pensiero della vita ordinaria per tre caratteristiche: *a*) la *generalizzazione*, per cui l'oggetto sembra in possesso di tutte le caratteristiche che in via potenziale possono evocare l'emozione in esame. Così un'emozione d'amore nei confronti di una donna possiede, agli occhi dell'innamorato, tutte le possibili attrattive che evocano l'amore quale si può presumere non solo per quella donna, ma per tutte le donne nella loro capacità di suscitare amore; *b*) la *massimizzazione*, per cui le caratteristiche attribuite all'oggetto vengono considerate al loro grado più elevato; *c*) l'*irradiazione* dell'oggetto concreto a tutti gli altri, che in tal modo vengono a essere rappresentati dall'oggetto stesso.

Per questa ragione il pensiero emozionale non vede un individuo, ma un insieme o classe attraverso la generalizzazione, per cui la persona pericolosa diventa la "pericolosità" al massimo grado e in tutti i suoi aspetti. L'identità tra individuo e classe è il modo di pensare proprio dell'inconscio, per cui l'emozione è un pensiero inconscio che pensa "per collezione di insiemi infiniti".[27]

13) *La teoria cognitivista* ritiene che la risposta emozionale non sia da cercare nella reazione fisiologica o in quella comportamentale, perché questi sono solo sottoprocessi di quel processo che è la *valutazione cognitiva* dell'informazione in ingresso, a sua volta legata al significato che soggettivamente attribuiamo alle esperienze che andiamo facendo. Karl H. Pribram[28] sostiene che ogni individuo, quando si trova in una situazione di disequilibrio con l'ambiente,

[27] Ivi, p. 304.

[28] K.H. Pribram, *The Biology of Emotions and Other Feelings*, in R. Plutchik, H. Kellerman (a cura di), *Emotion: Theory, Research and Experience*, Academic Press, New York 1980.

mette in atto dei piani di comportamento elaborati dalla mente prima che qualsiasi sequenza comportamentale abbia inizio.

L'emozione insorge quando il piano di comportamento non può essere effettuato e quindi non può essere raggiunta la situazione di equilibrio con l'ambiente. Si attiverebbero allora, come conseguenza dell'emozione, dei "piani di arresto" dell'azione che innescano una fase nuova di raccolta di informazioni per la programmazione di nuovi piani. Quando, dopo reiterati tentativi, non si riesce a superare il blocco dell'esecuzione del piano, allora si ha una sorta di "regressione" verso piani comportamentali più primitivi come la fuga, l'aggressione o tutti quei comportamenti emotivi che indichiamo come conseguenza di una "perdita di controllo".

Le reazioni emotive non sono solo connesse alle attività cognitive, ma questa connessione è al servizio dei bisogni biologici, perché lo scopo originario per cui si sono evolute le capacità cognitive è, secondo Plutchik, "quello di mettere in grado l'organismo di costituirsi una mappa del suo ambiente e di predire il futuro in riferimento al significato emozionale o motivazionale degli eventi circostanti".[29]

In questo senso va interpretata l'ipotesi cognitivista per la quale i processi cognitivi si sviluppano all'interno e a partire dalle esperienze emozionali, intese come la prima forma secondo cui l'organismo si orienta nel suo ambiente al fine di soddisfare i suoi bisogni biologici. In questa ipotesi il numero e l'intensità delle emozioni è inversamente proporzionale alla quantità di informazioni di cui ciascun individuo dispone.

[29] R. Plutchik, *Emotion: A Psychoevolutionary Synthesis*, Harper & Row, New York 1980, p. 38.

14) *La teoria biologica* considera le emozioni in relazione ai sistemi biologici a cui sono connesse e in tal modo ottiene classificazioni che, rispetto alle precedenti, godono di un maggior grado di oggettività, anche se di un minor indice di senso.

A tali criteri rispondono le classificazioni di Albert F. Ax che predispose un piano di rilevatori fisiologici della risposta emotiva (velocità del polso, battito cardiaco, respirazione, temperatura del viso, temperatura delle mani, riflesso cutaneo galvanico, corrente d'azione muscolare registrata al di sopra degli occhi) e poi, una volta individuata l'emozione, studiò i tipi di reazione che variavano da soggetto a soggetto per cui, ad esempio, in presenza di un'emozione di rabbia c'era chi reagiva con l'ira e chi con l'ansia. Quando però si invitavano i soggetti a descrivere l'emozione di base, non si migliorava il risultato perché le risposte venivano date in termini che non illustravano l'emozione, ma descrivevano le circostanze di attivazione, cioè quello che li aveva mandati in collera o aveva fatto loro piacere o dispiacere.[30]

15) *Le teorie neuroscientifiche* relative all'emozione prendono le mosse dagli studi del fisiologo Paul MacLean che ha formulato la teoria del cervello tripartito in tre sistemi: *rettile, viscerale, neocorteccia*.[31] Al "cervello viscerale" appartiene il "sistema limbico" deputato al controllo delle emozioni.[32] Per lo psicobiologo Jaak Panksepp[33] le emozioni di base come la paura,

[30] A.F. Ax, *The Physiological Differentiation between Fear and Anger in Humans*, in "Psychosomatic Medicine", n. 15, 1953.

[31] P.D. MacLean, *The Triune Brain, Emotion and Scientific Bias*, in F.O. Schmitt (a cura di), *The Neurosciences: Second Study Program*, Rockefeller University Press, New York 1970, pp. 336-348.

[32] P.D. MacLean, *Psychosomatic Disease and the "Visceral Brain"*, in "Psychosomatic Medicine", n. 11, 1949.

[33] J. Panksepp, *Affective Neuroscience. The Foundation of Human and Animal Emotions*, Oxford University Press, New York 1998.

l'ira, la gioia, il dolore sarebbero attivate da una serie di circuiti sottocorticali comuni a tutti i mammiferi che avrebbero una significativa corrispondenza con il mondo dell'Es descritto da Freud.

Dal canto suo, il neuroscienziato Joseph LeDoux[34] ha segnalato il ruolo chiave dell'amigdala nei processi emozionali e negli aspetti della vita di relazione, mentre i contributi più significativi sul ruolo svolto dalle emozioni sui processi cognitivi sono gli studi di Antonio R. Damasio secondo cui: "È attraverso i sentimenti – i quali sono diretti verso l'interno e privati – che le emozioni – le quali sono dirette verso l'esterno e pubbliche – iniziano ad avere un effetto sulla mente. Ma l'effetto completo e durevole dei sentimenti richiede la coscienza, perché è soltanto con l'avvento di un senso di sé che l'individuo viene a conoscenza dei sentimenti che ha. [...] Al fine di investigare tali fenomeni, divido in tre stati uno spettro continuo di elaborazione: *uno stato di emozione*, che può essere innescato e realizzato non consciamente, *uno stato del sentire*, che può essere rappresentato non consciamente, e *uno stato del sentire reso conscio*, cioè noto all'organismo soggetto all'emozione e al sentimento. [...] Affinché i sentimenti possano influenzare il soggetto al di là dell'immediato qui e ora, deve essere presente la coscienza. Il fatto che le conseguenze fondamentali dell'emozione e del sentimento umano siano imperniate sulla coscienza ha un'importanza che non è stata valutata nel modo adeguato. Con ogni probabilità l'emozione viene ben prima della coscienza nella storia evolutiva e affiora in ciascuno di noi per effetto di induttori che spesso non riconosciamo consapevolmente; è vero peraltro che gli effetti più

[34] J. LeDoux, *The Emotional Brain. The Mysterious Underpinnings of Emotional Life* (1996); tr. it. *Il cervello emotivo. Alle origini delle emozioni*, Baldini e Castoldi, Milano 1998.

cospicui e durevoli dei sentimenti hanno luogo nel teatro della mente cosciente".[35]

In ambito neurobiologico Daniel J. Siegel osserva che "in seguito a uno stimolo, il cervello e altri sistemi dell'organismo entrano in uno stato di aumentata vigilanza che attiva meccanismi cognitivi ('fare attenzione') che non richiedono consapevolezza conscia. Molto rapidamente il cervello processa le rappresentazioni che si riferiscono agli stati del corpo e dell'ambiente esterno in quel momento. Subentra poi una fase che possiamo definire 'di valutazione elaborativa e arousal' che stabilisce se lo stimolo è 'buono' o 'cattivo', e di conseguenza se dobbiamo avvicinarci o allontanarci da ciò che l'ha generato".[36]

Dopo aver precisato che all'interno del cervello le emozioni collegano vari sistemi nella creazione di uno stato della mente, mettono in connessione menti diverse e preparano il cervello e il resto del corpo all'azione, Siegel distingue le *emozioni primarie*, che sono cambiamenti dello stato cerebrale che derivano dai processi di orientamento iniziale e di valutazione/arousal, dalle *emozioni fondamentali* attraverso cui la mente crea significato. Tali sono la tristezza, la rabbia, la paura, la sorpresa e la gioia.

[35] A.R. Damasio, *The Feeling of What Happens. Body and Emotion in the Making of Consciousness* (1999); tr. it. *Emozione e coscienza*, Adelphi, Milano 2000, pp. 52-53.

[36] D.J. Siegel, *The Developing Mind* (Second Edition 2012); tr. it. *La mente relazionale. Neurobiologia dell'esperienza interpersonale*, Raffaello Cortina, Milano 2013, p. 154.

4.
Le emozioni non sono eventi irrazionali

Dal punto di vista del modello platonico, rispetto ai ragionamenti della mente, le emozioni del cuore sono considerate irrazionali. Ma questa considerazione non è da tutti condivisa e non trova sempre conferma. Già abbiamo visto, ad esempio, la *capacità adattiva* delle emozioni, ossia la loro rapidità nel trovare soluzioni immediate in situazioni che non tollerano i tempi lunghi della riflessione, come nel caso di un pericolo che si presenta improvvisamente. Ma, oltre alla capacità adattiva, l'intelligenza emotiva è confermata dalle seguenti caratteristiche dell'emozione.

1) L'*intenzionalità*. Le emozioni sono sempre intenzionali, nel senso che hanno come riferimento qualcuno o qualcosa. Ad esempio il rancore, la benevolenza, l'invidia, l'ira non sorgono a caso, ma sono sempre diretti verso una persona, oppure verso un ambiente che l'emozione è in grado di valutare se è favorevole o sfavorevole, allo scopo di un adeguamento funzionale a come l'ambiente è stato percepito.

2) L'*azione*. A partire dalla valutazione resa possibile dalla sua intenzionalità, l'emozione promuove un'azione organizzata in riferimento al contesto percepito. Ciò significa ad esempio che, di fronte a una

situazione spiacevole o pericolosa, l'emozione che si prova innesca un'azione organizzata volta a evitarla e a porvi fine. Così la colpa induce a un'azione che approda a una riparazione o a una punizione di se stessi; la vergogna promuove l'azione di nascondersi o sparire, quando non addirittura di suicidarsi; la collera tende a generare un'azione volta a danneggiare la persona che ci ha procurato un danno.

3) La *motivazione*. L'azione organizzata promossa dall'emozione si esprime nell'organizzazione di comportamenti la cui efficacia dipende dalla motivazione, che a sua volta è strettamente connessa alla percezione della situazione. L'emozione erotica, ad esempio, promuove un comportamento fortemente motivato alla pratica sessuale; allo stesso modo un'emozione paurosa motiva un comportamento che tende a evitare l'evento temuto o ritenuto minaccioso, un'emozione gioiosa va in cerca della sua ripetizione, così come un'emozione triste motiva il suo evitamento.

4) La *finalità*. L'emozione, lungi da essere un disordine, è un sistema organizzato di mezzi che tendono a uno scopo. E questo anche quando si ha l'impressione che l'emozione subentri al fallimento della finalità che si voleva raggiungere. Quando una studentessa si mette a singhiozzare davanti all'insegnante perché non sa rispondere alle sue domande, il pianto non rappresenta una condotta di insuccesso, ma ha la finalità di esonerare la ragazza dal confessare la propria impreparazione. Ciò significa che se il compito è troppo difficile, e non si riesce a tenere la condotta superiore, ossia all'altezza della situazione, allora l'emozione sceglie la via di una condotta inferiore (il pianto) che ha come finalità quella di mascherare la propria incapacità di assumere la condotta all'altezza della situazione.

5) Il *significato*. Tutte le emozioni hanno un significato, e quando sono spogliate del loro significato non

è possibile comprenderle. Così, ad esempio, la scienza, che si attiene ai fatti e alle cause che li determinano, se non comprende i significati, finisce per non comprendere neppure i fatti che sono oggetto del suo studio. Infatti, come osserva Jean-Paul Sartre: "Se è vero che le modificazioni fisiologiche che corrispondono alla collera non differiscono che per l'intensità da quelle che corrispondono alla gioia (accelerazione del ritmo respiratorio, aumento del tono muscolare, accrescimento degli scambi biochimici, della pressione arteriosa, ecc.), questa differenza di intensità non significa che la collera è una gioia più intensa".[37] Semplicemente il significato della collera non è il significato della gioia. E se non si comprende la differenza di significato non si comprende né la collera né la gioia, anche se dell'una e dell'altra si sono individuati le cause e i segni con cui le due emozioni si presentano.

[37] J.-P. Sartre, *Esquisse d'une théorie des émotions* (1939); tr. it. *Idee per una teoria delle emozioni*, Bompiani, Milano 1962, p. 121.

5.
La valenza motivazionale delle emozioni

Da quanto abbiamo detto emerge che l'interpretazione delle emozioni non è da cercare innanzitutto nelle reazioni fisiologiche o in quelle comportamentali, perché queste sono solo sottoprocessi di quel processo che è la *valutazione cognitiva* dell'informazione legata al significato che soggettivamente attribuiamo alle esperienze che andiamo facendo. Questa valutazione non è mai disgiunta dal fatto che le nostre emozioni agiscono sia come *motivo* sia come *fattore concomitante* del comportamento motivato.

Il nesso tra apparato emozionale e apparato cognitivo risale a Platone che, come abbiamo visto, nel mito dell'auriga assegnava all'anima razionale il governo dell'anima irascibile e di quella concupiscente. Aristotele, dal canto suo, incluse le emozioni nella categoria della *passività* in quanto "passioni" e non "azioni".[38] Riteneva inoltre che le emozioni hanno relazioni con l'apparato cognitivo perché si lasciano modificare dalla persuasione.[39]

[38] Aristotele, *Categorie*, 9b, 27-34.
[39] Aristotele, *Retorica*, II, 1; *I sogni*, 460b.

Dello stesso parere erano gli Stoici, che riconoscevano alle emozioni una certa capacità di giudizio distinguibile in base alla qualità dell'evento "buono" o "cattivo", e alla sua "presenza" o "attesa", che determinano quattro emozioni principali: il *desiderio* per un evento buono e atteso, la *paura* per un evento cattivo e atteso, la *gioia* per un evento buono e presente e il *dispiacere* per un evento cattivo e presente.

In epoca medioevale, oltre alle categorie della qualità dell'evento e della sua presenza, la classificazione si è arricchita dell'intenzionalità verso eventi atemporali, che ha consentito di includere tra le emozioni anche la *speranza* e la *disperazione*.

Con la filosofia moderna le emozioni sono state contrapposte alla ragione e considerate alla base di tutti i comportamenti irrazionali, da quelli religiosi a quelli morali, dove si evocano emozioni più di quanto non si stabiliscano dei fatti, fino alla fondazione kantiana della morale come esclusione di tutte le emozioni a eccezione del *rispetto* (*Achtung*) che si deve alla legge morale.[40]

Con il positivismo di fine Ottocento le emozioni sono state considerate coscienza di *eventi fisiologici*, mentre con la fenomenologia della prima metà del Novecento emozioni come l'angoscia, la noia e la gioia sono state chiamate da Martin Heidegger *sentimenti ontologici* perché pongono l'uomo di fronte non a questa o quella cosa, ma di fronte alla totalità dell'essere che, con tonalità differenti, richiamano.

Sartre, invece, pur condividendo la lettura fenomenologica delle emozioni, le considera come tentativi di ristabilire un rapporto con il mondo dopo

[40] I. Kant, *Kritik der praktischen Vernunft* (1788); tr. it. *Critica della ragion pratica*, Parte I, Libro I, capitolo III: "Dei moventi della ragion pura pratica", Laterza, Roma-Bari 1955, pp. 91-93.

un'improvvisa destrutturazione, confermando in tal modo la natura dell'uomo originariamente intenzionato a un mondo.[41]

Oggi, l'interpretazione più condivisa è quella *cognitivista*, che abbiamo illustrato nel capitolo 3, § 13. Qui ci basterà ricordare che i processi cognitivi si sviluppano all'interno e a partire dalle esperienze emozionali, e che gli stati emotivi agiscono sia come *motivo* sia come *accompagnamento* del comportamento motivato dal bisogno di conservarsi, di sottrarsi al pericolo, o di raggiungere uno scopo. Tra le emozioni che possono costituire un buon esempio di comportamento motivato ne segnaliamo alcune:

1) La *paura*. È un'emozione primaria di difesa, provocata da una situazione di pericolo che può essere: reale, anticipata dalla previsione, evocata dal ricordo o prodotta dalla fantasia. La paura è spesso accompagnata da una reazione organica, di cui è responsabile il sistema nervoso autonomo, che prepara l'organismo alla situazione d'emergenza, disponendolo, anche se in modo non specifico, ad apprestare le difese che si traducono solitamente in atteggiamenti di lotta o fuga.

La paura può fare la sua comparsa anche in presenza di stimoli in sé non necessariamente paurosi, ma intensi e inattesi, al punto da determinare uno stato di paralisi. Nelle sue forme estreme la paura assume quegli aspetti patologici noti come *fobie* che condizionano pesantemente la condotta di chi ne soffre. Oggetto di fobia, che la psicoanalisi interpreta come una difesa dall'angoscia, possono diventare i luoghi chiusi, quelli aperti, gli animali, lo sporco, le

[41] J.-P. Sartre, *Idee per una teoria delle emozioni*, cit., § 3, pp. 113-151.

malattie e qualunque cosa venga caricata di un alto valore emotivo.

Sempre in ambito psicoanalitico, Sigmund Freud distingue la *paura*, che "richiede un determinato oggetto di cui si ha timore", dall'*angoscia*, che "indica una certa situazione che può essere definita di attesa del pericolo e di preparazione allo stesso, che può anche essere sconosciuto", e dallo *spavento*, che "designa invece lo stato di chi si trova di fronte a un pericolo senza esservi preparato, e sottolinea l'elemento della sorpresa".[42]

Sulla differenza tra la paura e l'angoscia si esprime anche Martin Heidegger con una posizione non dissimile da quella di Freud. Infatti, a suo parere: "L'angoscia è fondamentalmente diversa dalla paura. Noi abbiamo paura sempre di questo o di quell'ente determinato, che in questo o in quel determinato riguardo ci minaccia. [...] Anche l'angoscia è angoscia di..., ma non di questo o di quello. L'angoscia di... è sempre angoscia per..., ma non per questo o per quello. Noi ci angosciamo per la totale impossibilità della determinatezza. [...] Non rimane nessun sostegno. Nel dileguarsi dell'ente, rimane soltanto e ci sorprende questo 'nessuno'. L'angoscia rivela il niente".[43]

2) L'*ansia*. Il termine "ansia" è spesso assimilato a quello di angoscia perché la distinzione terminologica è reperibile solo nelle lingue di origine latina. In tedesco esiste infatti l'unico termine *Angst*, e in inglese l'unico termine *Anxiety*. Gli psichiatri preferiscono parlare di "ansia" in riferimento ai soli aspetti psichici dell'emozione in questione, mentre impiegano il

[42] S. Freud, *Jenseits des Lustprinzips* (1920); tr. it. *Al di là del principio di piacere*, in *Opere* (1967-1993), Bollati Boringhieri, Torino, vol. IX, p. 198.

[43] M. Heidegger, *Was ist Metaphysik?* (1929); tr. it. *Che cos'è metafisica?*, in *Segnavia*, Adelphi, Milano 1987, p. 67.

termine "angoscia" quando in concomitanza si hanno manifestazioni somatiche talvolta anche particolarmente vistose. C'è inoltre chi considera l'angoscia come uno stadio più grave dell'ansia, e chi mantiene tra i due termini una rigorosa distinzione, perché interpreta l'ansia come una condizione fisiologica e psicologica in sé non anormale e in alcuni casi utile per il conseguimento di un obiettivo, e l'angoscia come l'espressione nevrotica o psicotica dell'ansia. Tra le forme d'ansia più significative, in ambito psichiatrico si è soliti distinguere:

a) *La nevrosi d'ansia*. È caratterizzata da una debolezza dei meccanismi di difesa che non riescono a contenere l'ansia, che si manifesta in uno stato permanente di inquietudine. Il soggetto vive in una condizione penosa di incertezza, di dipendenza dagli altri, dominato da un bisogno continuo di rassicurazioni. La nevrosi d'ansia può recedere spontaneamente o evolvere in quadri più strutturati come la fobia, l'ipocondria, la depressione, o arricchirsi di disturbi psicosomatici.

b) *L'ansia d'attesa*. Si avverte nell'imminenza di un'azione come parlare, scrivere, dormire, doversi presentare ad altre persone, prepararsi a un incontro sessuale. Secondo Viktor Emil Frankl: "L'ansia d'attesa realizza ciò che teme. Si potrebbe dire con un aforisma che, mentre il desiderio è il padre di un certo pensiero, la paura è la madre dell'evento malattia. Spesso la nevrosi insorge nel momento in cui l'ansia da attesa prevede la malattia".[44]

c) *L'ansia fluttuante*. È uno stato di tensione apprensiva e di inquietudine che nasce dalla sensazione di non essere all'altezza dei propri compiti o dei ruoli

[44] V.E. Frankl, *Theorie und Therapie der Neurosen* (1956); tr. it. *Teoria e terapia delle nevrosi*, Morcelliana, Brescia 1978, p. 125.

che si devono assumere nella complessità con cui le società si vanno via via evolvendo, rendendo meno disponibili risposte comportamentali semplici ed efficaci, come potevano essere reperite nelle società meno complesse del passato.

d) *L'ansia sociale*. È caratterizzata da un vissuto che fa sentire il soggetto socialmente inadeguato, per cui, nelle relazioni sociali, egli anticipa il giudizio negativo degli altri, e di conseguenza umilia se stesso con un'asprezza proporzionata al suo timore, sviluppando un'autovigilanza autocritica e un'attenzione ossessiva fino ai minimi dettagli. Le tipiche situazioni sociali temute sono: parlare in pubblico, esibirsi nelle rispettive prestazioni professionali nel caso di musicisti, ballerini, atleti, andare a un appuntamento o a una festa, essere osservati mentre si mangia, lavorare con altri a un progetto comune senza sentirsi all'altezza.

3) *La gelosia*. È uno stato emotivo determinato dal timore, fondato o infondato, di perdere la persona amata nel momento in cui questa rivela affezione verso un'altra persona. Secondo gli antropologi, in origine la gelosia non era un evento connesso all'amore, ma un requisito che garantiva le condizioni di sopravvivenza. Attraverso la gelosia, infatti, il maschio, che ha sempre considerato il corpo della donna come sua proprietà, si tutelava dal rischio di allevare figli non suoi, mentre la donna, grazie alla gelosia del maschio, garantiva per sé e per la sua prole cibo e sicurezza.

Freud distingue due forme di gelosia, entrambe connotate da ambivalenza per la compresenza di amore e aggressività:

a) *La gelosia competitiva* o *normale* è "essenzialmente composta dal dolore provocato dalla convinzione di aver perso l'oggetto d'amore, dalla ferita narcisistica, da sentimenti ostili verso il più fortunato rivale, e da una dose più o meno grande di autocritica che tende ad attribuire al proprio Io la responsabilità della perdita amorosa".[45]

b) *La gelosia proiettiva* è caratteristica di quei soggetti che, avendo rimosso le proprie esperienze reali o i propri desideri di infedeltà, perché in disaccordo con la propria coscienza morale, proiettano queste tendenze sul partner, di cui temono in modo ossessivo l'infedeltà, per poter alleviare i propri sensi di colpa verso quegli stessi impulsi.

Come riferisce la psicologa Valentina D'Urso,[46] la gelosia altera la *percezione*, che si concentra e si fa minuziosa nei confronti di tutto ciò che direttamente o indirettamente riguarda la persona amata e i rivali, siano essi reali, potenziali o immaginari; l'*attenzione*, i cui processi aumentano in modo abnorme e selettivo; la *memoria*, che diventa fortemente selettiva e concentrata su piccoli eventi normalmente trascurati, come l'orario di una telefonata, le incongruenze nei discorsi, un'insolita cura nell'abbigliamento; il *pensiero*, che subisce un vero e proprio stravolgimento nel suo vorticare intorno all'idea del tradimento, fino a sfiorare le soglie del delirio paranoico, dove anche gli eventi più innocenti e insignificanti vengono assunti come prove inconfutabili che la propria gelosia è assolutamente giustificata.

In preda alla gelosia, i maschi tendono a esternare la loro ossessione mettendo sul tavolo il problema, affrontando il loro rivale o aggredendo la loro compagna che, a differenza del rivale, è donna, e per giunta a portata di mano. Le reazioni femminili tendono invece più all'interiorizzazione del dolore, con vissuti

[45] S. Freud, *Über einige neurotische Mechanismen bei Eifersucht, Paranoia und Homosexualität* (1921); tr. it. *Alcuni meccanismi nevrotici nella gelosia, paranoia e omosessualità*, in *Opere*, cit., vol. IX, p. 367.

[46] V. D'Urso, *Otello e la mela. Psicologia della gelosia e dell'invidia*, La Nuova Italia Scientifica, Roma 1995.

di depressione, insicurezza e non di rado autoaccusa. Tutto ciò è dovuto, come fa notare Peter van Sommers,[47] non tanto a un vissuto emozionale, quanto piuttosto a uno squilibrio di potere, perché le donne, insieme ai figli, si trovano in generale in una situazione di più accentuata dipendenza, per cui la loro relativa mancanza di risorse economiche e occupazionali ha un effetto maggiormente inibitorio.

4) *L'ira*. Detta anche *collera* e, per estensione del comportamento animale, *rabbia*, l'ira, che va tenuta distinta dall'odio e dall'aggressività che sono componenti umane indispensabili per la costruzione della personalità, è uno stato emotivo-affettivo caratterizzato da una crescente eccitazione che si manifesta a livello verbale e/o motorio e che può culminare in comportamenti distruttivi nei confronti di oggetti, di altre persone o anche di se stessi. In questo senso Aristotele scrive: "Arrabbiarsi è facile, ne sono tutti capaci, ma non è assolutamente facile, e soprattutto non è da tutti, adirarsi con la persona giusta, nella misura giusta, nel modo giusto, nel momento giusto e per la giusta causa".[48]

Nel bambino fino a cinque-sei anni, le crisi d'ira sono piuttosto frequenti e costituiscono una normale forma di opposizione alle richieste e alle proibizioni dei genitori, o uno strumento di ricatto affettivo nei loro confronti. Nell'adulto invece l'ira è frequente come frustrazione dell'attività che tende a uno scopo, ed è riscontrabile in ogni sequenza motivazionale interrotta, per la presenza di un ostacolo al soddisfacimento di un desiderio. Risvegliata, l'ira scatena un'attività di rappresaglia contro l'oggetto o la persona ritenuti responsabili dell'interruzione della sequenza.

[47] P. van Sommers, *Jealousy* (1988); tr. it. *La gelosia*, Laterza, Roma-Bari 1991.

[48] Aristotele, *Etica nicomachea*, 1109a.

5) Il *riso*. Come manifestazione inconfondibile e universale della gioia, è un'emozione piacevole in se stessa che promuove comportamenti idonei a ottenerla. Sottesa al riso c'è una scarica di tensione che l'organismo avverte come piacevole e che pertanto ricerca. Secondo Darwin, il riso risponde a una funzione adattiva, in quanto rinsalda il legame del piccolo con la madre, fungendo da veicolo spontaneo, analogamente al pianto. In età adulta acquista un significato sociale grazie al rinforzo positivo che riceve dal mondo circostante, e viene elaborato secondo modulazioni atte a esprimere risposte emotive di vario grado che vanno dal compiacimento alla soddisfazione, al sarcasmo, all'ironia, al disprezzo.

6) Il *pianto*. Promuove comportamenti connessi al rapimento che può destare l'ascolto di una musica o la contemplazione di un panorama, al cordoglio che, espresso, produce sollievo, alla partecipazione affettiva al dolore altrui, e all'autocompassione che lenisce un'ira impotente. Il pianto, inoltre, esprime una reazione emotiva tesa a scaricare tensione dovuta a sofferenze di origine corporea, perdita di legami o rapporti interpersonali, frustrazioni dovute al mancato raggiungimento di aspirazioni o mete su cui si è a lungo investito.

Secondo Karl Jaspers, "il riso e il pianto sono piccole catastrofi della vita corporea, nelle quali questa, essendo senza via d'uscita, in un certo senso si disorganizza. Questa disorganizzazione è anche un simbolo, come vi è del simbolismo in ogni mimica, ma nel riso e nel pianto essa non è trasparente, perché entrambe le risposte sono al limite. Il riso e il pianto esistono solo nell'uomo, e non negli animali, e sono quindi assolutamente umani".[49]

[49] K. Jaspers, *Allgemeine Psychopathologie* (1913-1959); tr. it. *Psicopatologia generale*, Il Pensiero Scientifico, Roma 2000, p. 295

7) Il *disgusto*. È un'emozione promossa da stimoli visivi, olfattivi e tattili che determina un allontanamento dal proprio campo percettivo dell'oggetto che l'ha provocata, onde evitare la sensazione di *nausea* e, in soggetti più sensibili, la reazione di vomito. Ritenuta impropriamente un'emozione negativa, in realtà il disgusto svolge l'importante funzione protettiva di tenerci lontano da sostanze pericolose e, in particolare, da alimenti potenzialmente dannosi. Per estensione il termine si applica, oltre che a situazioni reali, anche a sentimenti di repulsione suscitati da rappresentazioni psichiche. Il disgusto diviene patologico quando si manifesta nei confronti di uno stimolo che generalmente viene considerato piacevole.

Questi esempi, come abbiamo visto, mostrano come gli stati emotivi agiscono sia come *motivo* sia come *concomitante* del comportamento motivato, dove è contenuto un segnale che si sta verificando qualcosa di importante dal punto di vista motivazionale.

6.
L'empatia e la risonanza emotiva

"Empatia", dall'inglese *empathy*, è un termine introdotto nel 1909 da Edward Bradford Titchener[50] come traduzione dell'espressione tedesca *Einfühlung*, che significa "sentire dentro". L'empatia, infatti, designa la capacità di immedesimarsi in un'altra persona fino a coglierne i pensieri e gli stati d'animo.

Nella sua formulazione tedesca, il termine era già in uso nell'estetica romantica con Johann Gottfried Herder[51] e Novalis,[52] che lo impiegarono per descrivere la risonanza interiore degli oggetti estetici. Theodor Lipps[53] tentò di spiegarlo con i processi di imitazione e proiezione, per cui ci "si sente" nell'oggetto o nella persona in cui ci si immedesima, pur conservando la coscienza della propria identità come identità separata.

[50] E.B. Titchener, *A Text-book of Psychology*, Macmillan, New York 1909.

[51] J.G. Herder, *Vom Erkennen und Empfinden* (1778), in *Sämtliche Werke* (1877-1913), Suphan, Berlin, vol. VIII.

[52] Novalis (Friedrich Leopold von Hardenberg), *Fragmente* (1795-1800); tr. it. *Frammenti*, Rizzoli, Milano 1976, e in particolare "Frammenti di psicologia", pp. 143-185, e "Frammenti di estetica", pp. 278-353.

[53] Th. Lipps, *Ästhetik. Psychologie des Schönen und der Kunst*, Suphan, Hamburg 1903-1906.

Questo concetto è stato ripreso da Jaspers e utilizzato per distinguere la comprensione empatica da quella razionale: "Quando nella nostra comprensione i contenuti dei pensieri appaiono derivare con evidenza gli uni dagli altri, secondo le regole della logica, allora comprendiamo queste relazioni razionalmente (comprensione di ciò che è stato detto); quando invece comprendiamo i contenuti delle idee come scaturiti da stati d'animo, desideri e timori di chi pensa, allora comprendiamo veramente in modo psicologico o empatico (comprensione dell'individuo che parla)".[54]

Secondo Max Scheler, alla base dell'empatia è rintracciabile quella condizione esistenziale che è l'essere in un mondo comune (*Mit-welt*) perché, scrive Scheler: "L'uomo vive più negli altri che in se stesso, più nella collettività che come singolo individuo",[55] per cui buona parte delle componenti di fondo che sono alla base della struttura comunicativa hanno la loro radice in quell'originaria possibilità comprensiva che si esprime nella *simpatia*. Scheler, infatti, preferisce il termine *simpatia* al termine *empatia* perché, a suo parere: "Lo stato affettivo di B, implicito nella pietà che io ne provo, resta per me lo stato affettivo di B: non passa in me che lo compatisco, e non produce in me uno stato simile o uguale".[56]

Anche George Herbert Mead, forse seguendo Scheler, impiega il termine *simpatia*, ma con questa parola intende l'immedesimazione in un'altra persona, e quindi un'empatia che richiede un assetto recettivo che consenta, come dice Mead, di "entrare nel ruolo dell'altro" per valutare il significato che la situazione che evoca l'emozione riveste per l'altra persona, non-

[54] K. Japers, *Psicopatologia generale*, cit., p. 330.

[55] M. Scheler, *Wesen und Formen der Sympathie* (1923); tr. it. *Essenza e forme della simpatia*, Città Nuova, Roma 1980, p. 14.

[56] Ivi, p. 69.

ché l'esatta interpretazione verbale e non verbale di ciò che in essa si esprime.[57]

A partire dagli anni ottanta del secolo scorso, Martin L. Hoffman[58] definisce l'empatia una "condivisione affettiva" che non si traduce in una fusione con l'altro, ma mantiene una differenziazione che non impedisce l'accoglimento del punto di vista altrui, anche quando non coincide con il proprio. Riservando il termine "empatia" alle forme differenziate, Hoffman distingue un'"empatia egocentrica", propria di chi attribuisce all'altro lo stato emotivo che egli può aver provato in situazioni analoghe, dall'"empatia per i sentimenti dell'altro", ovvero quella forma più evoluta di empatia resa possibile dalla rappresentazione cognitiva del vissuto altrui. Questo tipo di empatia, che Janet Strayer[59] chiama "empatia per risposta partecipatoria", inizia a formarsi a partire dai sei-sette anni quando diminuisce nel bambino la fase egocentrica e prende quota, sia pure in modo ancora incerto, la capacità di assumere la prospettiva dell'altro.

La capacità di leggere le emozioni e i sentimenti altrui dipende da quanto siamo attenti alle nostre emozioni. L'empatia entra in gioco nei rapporti familiari facilitando le relazioni tra genitori e figli, nei rapporti professionali tra dirigenti e subordinati, tra venditori e acquirenti, e in generale nei rapporti interpersonali.

Per comprendere i sentimenti altrui occorre fare riferimento alla comunicazione non verbale che consente di percepire l'ansia dal tono della voce, la menzogna dall'espressione del volto, l'irritazione dalla ra-

[57] G.H. Mead, *Mind, Self and Society* (1934); tr. it. *Mente, sé e società*, Giunti-Barbera, Firenze 1966, pp. 296-299.

[58] M.L. Hoffman, *Empathy and Moral Development* (2000); tr. it. *Empatia e sviluppo morale*, il Mulino, Bologna 2008.

[59] J. Strayer, *Affective and Cognitive Perspectives on Empathy*, in N. Eisenberg, J. Strayer (a cura di), *Empathy and its Development*, Cambridge University Press, New York 1987.

pidità del gesto. In generale le donne sono più capaci degli uomini a cogliere i messaggi dell'altro che giungono attraverso la comunicazione non verbale.

L'empatia si sviluppa in modo naturale a partire dall'infanzia. A pochi mesi dalla nascita i bambini, che non hanno ancora acquisito la separazione tra sé e il resto del mondo, reagiscono al dolore di un altro bambino come se fosse il proprio e perciò piangono alla vista delle sue lacrime. A un anno cominciano a rendersi conto che la sofferenza altrui non è la propria, ma bisogna attendere il secondo anno di vita per vedere un bambino che, di fronte al dolore di un altro bambino, lo consola portandogli, ad esempio, dolci o giochi.

In questa età è molto importante, per la formazione dell'empatia, la sintonizzazione della madre con il bambino, che avviene non imitando i gesti del bambino, perché la semplice imitazione dimostra solo che la madre sa che cosa fa il suo piccolo. Per sintonizzarsi occorre, ad esempio, che quando il bambino piange o ride la madre intoni la propria voce come quella del bambino, o assuma nel suo volto un aspetto mimico che lascia intendere al bambino che non solo *sa* che cosa lui sta facendo, ma come effettivamente lui *si sente* mentre lo fa. A questo punto il bambino sa di essere compreso, e da questo vissuto prende avvio in lui la dimensione empatica.

Se i genitori non mostrano alcuna empatia rispetto alle emozioni di gioia, di pianto, di bisogno di essere accarezzato, il bambino evita di esprimerle e successivamente di provarle quando l'espressione dei suoi sentimenti continua a non ricevere alcuna risposta o a essere apertamente scoraggiata. Le conseguenze in età adulta possono essere di due tipi: o un'eccessiva sensibilità per le emozioni negative accompagnata da una vigilanza ossessiva sugli indizi che segnalano una minaccia, oppure un'assenza completa di empatia, con conseguente incapacità di entrare in sintonia con gli altri, che predispone queste persone a potenziali azioni criminali senza senso di colpa, perché incapaci di percepire che cosa le loro azioni possono produrre negli altri.

Chiamiamo *risonanza emotiva* l'emozione, registrata dalla psiche, che accompagna le nostre azioni, avvertendole come buone o cattive, convenienti o sconvenienti. A questo probabilmente si riferiva Kant là dove scrive che si può evitare di definire il bene e il male perché ciascuno li sente (e usa il verbo "sentire", in tedesco *fühlen*) naturalmente da sé.[60] Chi nell'infanzia non ha avuto la possibilità di maturare un sufficiente grado di empatia, e quindi la capacità di "sentire" la sofferenza per le violenze che infligge agli altri, ha molta difficoltà a distinguere il bene dal male, per non parlare della mancanza assoluta di sensi di colpa e dell'assenza di commozione per le situazioni dolorose in cui possono venire a trovarsi gli altri.

La loro psiche è *apatica*, e per questo la psichiatria li nomina *psicopatici*, o anche, per i danni che possono produrre nella società, *sociopatici*. Tali sono ad esempio i bulli che si accaniscono sui loro compagni più deboli, o gli adolescenti che non sanno cogliere la differenza tra corteggiare una ragazza o stuprarla, tra passare con indifferenza davanti a un mendicante o dargli fuoco mentre dorme su una panchina. Queste non sono esagerazioni, basta ascoltare le risposte che questi ragazzi danno a chi li interroga sui loro comportamenti. Immancabilmente dicono: "ma cosa abbiamo fatto di male?", "stavamo scherzando", "era solo un gioco". A questi ragazzi manca la *risonanza emotiva* delle loro azioni e delle conseguenze dolorose che tali azioni hanno sugli altri, perché la loro psiche non le registra.

[60] I. Kant, *Metaphysik der Sitten* (1797); tr. it. *Metafisica dei costumi*, Bompiani, Milano 2006, § 23: "Dottrina delle virtù".

Perché nasca una risonanza emotiva è necessaria una cura della psiche che prende avvio quando il neonato si attacca al seno materno e, insieme al latte, assapora l'accoglienza, l'indifferenza o il rifiuto. Poi si struttura nella prima infanzia quando i genitori, oltre a un'educazione fisica e un'educazione intellettuale, provvedono anche a un'educazione psicologica, che è poi l'educazione delle emozioni e dei sentimenti, in assenza della quale il bambino si organizza da sé con gli strumenti che non ha. Infine una funzione essenziale è svolta dalla scuola che, oltre all'intelligenza mentale, dovrebbe curare anche l'intelligenza emotiva, perché l'emozione è essenzialmente *relazione*, che promuove quelle capacità interpersonali dalla cui qualità dipende il nostro modo adeguato o inadeguato di vivere in società.

L'empatia è alla base dell'altruismo, e per questa ragione può essere considerata una condizione favorevole a disposizioni morali indotte da sentimenti di compassione per i poveri, gli oppressi, gli emarginati, che consentono di avviare pratiche di aiuto e di soccorso alle persone bisognose allo scopo di alleviare la loro sofferenza e in alcuni casi indignarsi per l'ingiustizia sociale che li ha costretti in quella situazione.

Se ne deduce che l'empatia porta all'*azione morale*, come nel caso dello spettatore che, in presenza di una violenza, interviene a favore della vittima, e influenza *giudizi morali* in ordine alla tutela della terra da non sacrificare in nome del profitto, o alla distribuzione della ricchezza a vantaggio delle popolazioni che vivono in condizioni di estremo bisogno.

7.
La valenza sociale delle emozioni

La sintonia empatica, che si crea (quando si crea) tra madre e figlio, in età adulta si manifesta in competenze sociali che rendono l'individuo capace di trattare con gli altri, mettendo in atto interazioni che favoriscono i rapporti interpersonali. Questo vale in una coppia tra marito e moglie, in una scuola tra insegnante e studenti, in ambito lavorativo tra colleghi e tra questi e i rispettivi capi. L'interazione sociale a queste condizioni crea un clima favorevole e riduce i contrasti per incomprensione.

Naturalmente la propria *capacità empatica* deve coordinarsi con l'*autocontrollo*, evitando da un lato un eccesso di autocontrollo che non consente di percepire la propria disponibilità emotiva, e dall'altro un eccesso di empatia, proprio di chi esagera nelle sue manifestazioni. In questo caso l'autocontrollo è essenziale. Allo stesso modo talvolta è inevitabile anche una partecipazione emotiva insincera come quando riceviamo un regalo che proprio non ci interessa, e però lo accogliamo fingendo che ci faccia piacere. Questa leggera falsificazione che non vuole mortificare l'altro si chiama "buona educazione" e sottintende un rispetto delle intenzioni affettuose che hanno animato chi ci ha fatto il regalo, e insieme un desiderio di non destabilizzare l'interazione.

Non si deve dimenticare infatti che l'espressione delle nostre emozioni è *contagiosa*. La narrazione di una storia d'amore può commuovere fino alle lacrime, così come può rattristare il nostro interlocutore che, prima di incontrarci, era allegro. Questo contagio della disposizione emotiva può determinare una percezione positiva o negativa dell'interazione in corso. Una persona carismatica, un attore o un oratore affascina il suo pubblico quando è in grado di trascinarne le emozioni.

Una buona combinazione di competenza emotiva e autocontrollo consente a chi ha mansioni di comando di organizzare abilmente i gruppi nel raggiungimento dei propri obiettivi, ai diplomatici di negoziare buone mediazioni, ai terapeuti e ai consulenti familiari o del lavoro di svolgere la loro funzione con una buona capacità di analisi e una facilitazione nelle soluzioni, ai singoli individui di stabilire legami personali in termini di affidabilità coniugale, di simpatica amicizia e di proficua relazione nei rapporti di lavoro.

Va da sé che una spiccata competenza emotiva può avere anche il suo risvolto negativo quando è strumentalmente utilizzata per ottenere una grande ammirazione pubblica, alla quale, però, il soggetto sacrifica la cura dei propri sentimenti e, pur di sentirsi amato da tutti, utilizza qualsiasi mezzo per fare un'ottima impressione, a scapito delle sue relazioni personali che si rivelano scarse, insoddisfacenti e comunque sacrificate al proprio narcisismo.

Questa sindrome, facilmente riscontrabile nei leader, prende il nome di *alessitimia* e garantisce, nell'ambito di grandi organizzazioni, un significativo successo, sotto il quale però si nascondono una sterilità dell'immaginazione e una monotonia nella proposizione delle proprie idee. Spesso i leader vivono nel divario tra immagine pubblica e vissuto personale, per cui non hanno alcuno scrupolo a dire una cosa e farne un'altra, purché ciò procuri loro l'approvazione sociale. La loro competenza emotiva consente a questi soggetti di capire i desideri degli altri e, anche se nutrono nei loro confronti un vero disprezzo, mostrano una socievolezza e una condiscendenza persino esagerate pur di essere apprezzati e considerati.

Esiste anche un'*incompetenza emotiva* dovuta all'incapacità del soggetto di apprendere, interpretare e rispondere in maniera adeguata ai messaggi non verbali, come l'espressione del volto, la gestualità, il tono della voce, con conseguente assunzione di comportamenti e di risposte inadeguati. Per effetto di questa mancata sintonizzazione, i messaggi emozionali non vengono raccolti nel loro giusto significato, lasciando al soggetto, che non sa interpretarli o non sa esprimerli, la sensazione di essere costantemente frainteso o di non avere alcun impatto su ciò che accade intorno a lui.

Nell'ambito delle relazioni interpersonali sono state individuate alcune emozioni primarie fondamentali che generano un'azione appropriata per la conservazione dell'individuo e della specie: la gioia, la paura, la rabbia, la tristezza e il disgusto. Da questo elenco risulta che non ha molto senso distinguere le emozioni positive da quelle negative, perché entrambe svolgono una funzione che ha in vista la salvaguardia dell'individuo e della specie.

a) La *gioia* rinnova, nell'età adulta tra le persone attratte sessualmente, l'esperienza infantile di attaccamento del bambino alla figura parentale che si è occupata di lui, e promuove l'azione appropriata dell'avvicinamento. La gioia, a cui è connessa la sensazione di un piacere diffuso, è suscitata dall'appagamento di un desiderio o dalla previsione di una condizione futura positiva. Quando le condizioni che provocano la gioia si verificano indipendentemente dalle azioni del soggetto, tale emozione è accompagnata da *stupore*.

b) La *paura* e/o la *rabbia* – le cui caratteristiche sono già state esposte nel capitolo 5, §§ 1 e 4 – rinnovano, in chi si sente minacciato da un rivale, l'esperienza del bambino che, alla nascita del fratellino, ha sentito minacciato il suo attaccamento alla madre. Queste due emozioni innescano azioni di fuga o di attacco quando si sente il proprio territorio insidiato o invaso. Dal punto di vista delle manifestazioni somatiche, esse si evidenziano con la mimica corrugata, lo sguardo torvo, la voce strozzata o urlata.

c) La *tristezza* è un'alterazione del tono dell'umore verso forme di profonda malinconia, che si riscontra di frequente in occasione dell'abbandono o della morte della persona con la quale si era realizzato un attaccamento. Essa comporta, non di rado, un abbassamento del livello cognitivo e motorio a cui si accompagnano una riduzione dell'autostima e un bisogno di autopunizione che spesso inducono ad azioni che determinano chiusura e allontanamento. Quando l'intensità della tristezza supera certi limiti o si presenta in circostanze che non la giustificano, allora bisogna parlare propriamente di *depressione*.

d) Il *disgusto* – le cui caratteristiche sono già state esposte nel capitolo 5, § 7 – difende dall'ingerire cibi dannosi per l'organismo determinando un'azione di rifiuto e allontanamento. E anche se spesso è rubricato tra le emozioni negative, in realtà svolge una funzione protettrice per l'individuo e la specie.

Ci sono infine emozioni sociali indotte dalle credenze e dal sistema di valori che contraddistinguono le diverse culture e che si inscrivono in una forma di apprendimento sociale. Rom Harré ritiene che abbiano "una funzione sociale quelle emozioni che vengono costruite e prescritte in modo tale da sostenere e appoggiare sistemi culturali di credenze e valori. In particolare si presume che le emozioni coinvolgono valori sociali interiorizzati, così che l'agente capace di sentire l'emozione appropriata fornisce un'aderenza autonoma e convincente ai valori determinati dall'emozione".[61]

L'emozione della *colpa*, ad esempio, è funzionale alla repressione del comportamento che la società di appartenenza valuta negativamente. L'emozione dell'*odio* può essere indotta e promossa dalle prescrizioni di una società che ritiene questa emozione funzionale al sistema da essa inaugurato. È il caso ad esempio della società della Germania nazista, o delle componenti sociali che promuovono l'odio nei confronti dei soggetti ritenuti inferiori per ragioni razziali o religiose, oppure discriminatorie come nel caso dell'antisemitismo. Allo stesso modo l'*invidia* può essere ritenuta funzionale all'etica del successo che caratterizza, ad esempio, la cultura occidentale.

Se ne deduce che le emozioni sociali indotte riflettono le pratiche religiose, politiche, morali, sociali, estetiche di una società, garantendo così la stabilità e la conservazione di un ordine sociale. Un'emozione primaria come la *paura*, che originariamente serve a difenderci da situazioni minacciose e pericolose, può essere indotta nei membri di una comunità come paura di violare consuetudini, norme o valori che sono alla base della comunità di appartenenza. Una volta indotta, la paura si collega alla *gelosia* come paura di perdere la persona amata, alla *colpa* come paura della punizione, alla *vergogna* come paura dell'umiliazione.

Prescrivendo la paura, una società tutela i valori che la costituiscono, e in tal modo si evidenzia che le emozioni non sono solo episodi interni alla sensibilità dei singoli individui, ma possono avere la loro origine

[61] R. Harré, *La costruzione sociale delle emozioni*, cit., p. 83.

anche nell'interiorizzazione, da parte dei singoli individui, delle prescrizioni che caratterizzano la società di appartenenza. In questo senso è possibile dire che le emozioni, lungi dall'essere un disordine che altera i processi cognitivi, sono a tutti gli effetti dei veri e propri nessi tra la *natura* (espressa dalla biologia) e la *cultura* (espressa dal pensiero, dall'immaginazione e dal linguaggio).

Parte seconda
Il modello fenomenologico: le emozioni e la relazione corpo-mondo

"Occorre qui illustrare ed evitare gli errori seducenti in cui sono caduti Cartesio e i suoi successori."

E. Husserl, *Meditazioni cartesiane* (1931)

"La distinzione di anima e corpo può essere anche un'idea chiara, ma non dimostrabile, e rimane sempre aperto il problema di *che cosa* chiamiamo corpo e *che cosa* anima."

K. Jaspers, *Psicopatologia generale* (1913-1959)

"Tra i corpi di questa natura io trovo il *mio corpo* nella sua peculiarità unica cioè come l'unico a non essere mero corpo fisico (*Körper*), ma proprio corpo vivente (*Leib*)."

E. Husserl, *Meditazioni cartesiane* (1931)

"Il corpo proprio è nel mondo come il cuore nell'organismo: mantiene continuamente in vita lo spettacolo visibile, lo anima e lo alimenta internamente, forma con esso un sistema."

M. Merleau-Ponty, *Fenomenologia della percezione* (1945)

"Il corpo è l'oggetto psichico per eccellenza, *il solo oggetto psichico*."

J.-P. Sartre, *L'essere e il nulla* (1943)

8.
Il corpo e l'organismo

Percorrendo le vie tracciate dal modello platonico abbiamo conosciuto le emozioni come appaiono nel quadro del dualismo antropologico, che distingue nell'uomo un'anima e un corpo, a cui fanno riferimento sia le scienze organicistiche sia le scienze psicologiche. Ma per giungere al cuore dell'emozione dobbiamo accedere al *modello fenomenologico,* che descrive le emozioni come appaiono nel mondo della vita e non come sono dedotte dalle ipotesi formulate dalla scienza. Qui però occorre non confondere il *corpo* nella sua apertura originaria al mondo con l'*organismo,* che è la riduzione del corpo a cosa che è nel mondo senza alcuna *apertura* al mondo.

La scienza non potrebbe operare né la medicina curare se non riducessero il nostro corpo a una sommatoria di organi. Per effetto di questa riduzione richiesta dal metodo scientifico, il mio corpo vivente diventa una *cosa,* osservabile come si osserva qualsiasi cosa. Ma il corpo ridotto a cosa non *mi* rivela, non *mi* rappresenta, non *mi* esprime, né tanto meno esprime le mie emozioni che nel corpo ridotto a organismo fanno la loro comparsa come *eventi fisiologici,* ma non come *eventi vissuti.*

Il punto di vista scientifico accantona l'esperienza diretta che noi abbiamo del nostro corpo come ce lo rivela il mondo della vita per studiare un organismo nelle sue strutture, nelle sue funzioni e nei suoi organi, che si possono benissimo pensare come a sé stanti e anche di fatto separare, isolando le regioni dell'organismo, fino a legittimare la domanda che si chiede se l'oggetto di questa ricerca sia ancora il corpo umano e soprattutto il *mio* corpo.

Il *mio corpo*, che conosco nella molteplicità delle esperienze quotidiane, si rivela come ciò che mi inserisce in un mondo, ciò grazie a cui esiste per me un mondo. L'organismo, ossia il corpo ridotto a cosa che io conosco nei libri di fisiologia o nelle tavole d'anatomia, non è un'altra *realtà*, ma è la stessa presente in un'altra *modalità*, nella modalità *oggettivante* della scienza biologica.

Qui non si tratta di opporre un corpo all'altro e poi domandarsi quale sia il vero, se quello che io vivo o quello che la biologia descrive. In questi termini la questione è mal posta, perché non abbiamo a che fare con due *realtà*, ma con due *modi* diversi di aver presente la stessa. Nel primo caso ho presente il mio corpo perché lo *sono* e con esso mi intenziono al mondo, nel secondo ho presente il mio corpo perché lo *vedo*, e vedendolo ne faccio esperienza come una cosa che non ha nulla a che fare con il mio mondo della vita.

Giusto per fare un esempio, se un paziente va dal medico per una visita di controllo agli occhi, quando entra nel suo studio vive i propri occhi come ciò che gli consente di incontrare una persona, di comunicare con lei, di cogliere nella sua mimica il suo grado di attenzione. Quando il paziente si sottopone alla visita, i suoi occhi diventano un *organo* che egli vive come una *cosa* e che il medico osserva come si osserva qualsiasi altra cosa. In quel momento l'occhio non è più per il paziente una *possibilità* per essere-nel-mondo, ma solamente un *organo*. La stessa esperienza è vissuta dal medico che, quando riceve il paziente, lo saluta, lo fa accomodare, lo vede come una persona, poi, quando lo fa adagiare sul lettino, lo vede come un organismo, e il medico stesso scompare dietro il suo sapere e l'obiettività del suo metodo, mentre il paziente viene de-personalizzato.

A questo punto diventa difficile comprendere le emozioni vissute da un corpo che abita il mondo con i modelli concettuali della biologia e della neurologia che riducono il corpo a organismo che *è* nel mondo ma non *ha* un mondo che lo emoziona. Dall'organismo, quale ce lo descrive la scienza, è impossibile infatti ricostruire la spazialità, la temporalità, l'appartenenza, l'intenzionalità che connotano la presenza del corpo vivente al mondo. L'organismo è nello spazio, il corpo vivente *dischiude* uno spazio e pone sé come centro d'orientamento a cui si riferisce ogni altro da sé. È l'assoluto *qui* di ogni *là*, l'assoluto *ora* di ogni *allora*.

Una volta che il corpo è ridotto a organismo, è necessario fare riferimento a un'altra realtà denominata, di volta in volta a seconda dei contesti, "spirito", "anima", "psiche", "mente", a cui attribuire tutto quello che su base organica non si riesce a spiegare. Non è un caso che la cura dell'anima, prima di chiamarsi "psichiatria", era chiamata cura della "malattia senza riscontro organico (*morbus sine materia*)". Dell'anima, della psiche o della mente si può benissimo fare a meno se, per spiegare i fenomeni cosiddetti "psichici" o "mentali", invece che dall'organismo, si prendono le mosse dal corpo. E se proprio non vogliamo rinunciare alla *psiche*, manteniamola pure, alla sola condizione di intendere con questo termine il *rapporto del corpo con il mondo*.

L'organismo infatti non conosce il tempo, che invece è la trama profonda del corpo vivente, da cui parte quella percezione del mondo che non è una fotografia istantanea, come può essere una radiografia a cui l'organismo viene sottoposto, ma una prospettiva temporale, quindi una *storia*. È la storia che il mio corpo ha con il mondo, quindi è la mia storia, perché io coincido con il mio corpo. Non dico, infatti, che *ho* un corpo stanco, dico che *sono* stanco, perfetta coincidenza tra Io e corpo.

Questa coincidenza la cogliamo in tutta la sua evidenza nel linguaggio di Omero che è corporeo, perché per lui il corpo non è *rappresentativo* di emozioni che si agitano alle sue spalle, nella sua anima, come la dottrina di Platone ci ha insegnato a pensare. Per Omero non c'è nulla dietro il corpo.

L'"arrestarsi" di Penelope sulla soglia che immetteva nella sala profanata dai Proci, il suo "coprirsi il volto col fulgido velo", il suo "prorompere in lacrime" prima di rivolgersi al divino cantore[62] non *rappresentano* la fedeltà di un'attesa, ma *sono* la fedeltà di un'attesa. I cenci insanguinati di Ulisse "raccolti intorno ai lombi", "le sue cosce agili e forti e l'ampie spalle e il vasto petto ignudo e le braccia robuste lorde di sangue"[63] non *rappresentano* la forza della sua vendetta, ma *sono* la forza della sua vendetta, e quindi la risposta alla fedeltà di quell'attesa.

Il linguaggio di Omero è corporeo, non perché Omero non è ancora giunto alla scoperta dello psichico, ma perché non ha ancora ridotto il corpo a materia inerte a disposizione dell'anima, a *mero segno fisico di trascendenti significati psichici*. Per questo Omero può distinguere il corpo dal cadavere, mentre Platone è costretto a identificarli e a concludere che "il corpo (*sõma*) è per noi una tomba (*sẽma*)".[64]

A differenza del cadavere, la cui unica relazione con il mondo è data dallo spazio che la salma immobile occupa, il corpo è, di volta in volta, la *situazione*

[62] Omero, *Odissea*, Libro I, vv. 327-336.
[63] Ivi, Libro XVII, vv. 90-95.
[64] Platone, *Gorgia*, 493a.

che assume nel mondo, inteso come ambito delle sue possibilità. Le "mani" di Ulisse che stringono "l'arco e la faretra piena di strali", prese per sé, non significano niente; perché in esse si possa percepire la collera è necessario farsi indicare queste mani da un corpo che "uscito dai suoi cenci balza su l'alto limitare",[65] è il presentarsi di questo corpo nella situazione in cui Ulisse viene a trovarsi.

Partendo allora dal *corpo in situazione*, che è prerogativa del corpo vivente e non del cadavere, le mani di Ulisse che stringono l'arco e la faretra piena di strali *sono* la sua collera, che è tale non perché *rappresenta* un nascosto rancore dell'anima, ma perché *si concreta* in nuove azioni nel mondo che troveranno il loro senso nella morte di Antinoo e, dopo di lui, di tutti i Proci che, a vendetta consumata, non avranno altra relazione con il mondo se non quella mediata dalle cure dei parenti che hanno provveduto "ciascuno a dare sepoltura ai cadaveri suoi".[66]

Se la differenza tra corpo e cadavere è nel fatto che il primo è *soggetto* mentre il secondo è *oggetto*, il primo è in relazione attiva con il mondo che lo indica e lo significa, mentre il secondo è cosa nel mondo, da esso ospitato come tutte le cose, per intendere il corpo non bisognerà partire dalla relazione platonica con l'*anima* che riduce il corpo a cosa, a oggetto, a strumento, ma da quella omerica con il *mondo*, dove il corpo è soggetto e il mondo è l'abbozzo delle sue possibilità.

Questa relazione originaria che lega il corpo al suo mondo si spezza quando ci si ammala. In questa circostanza la mia esistenza subisce un capovolgimento che è poi l'essenza della malattia. Essere ammalato significa infatti distogliere la mia intenzionalità dal

[65] Omero, *Odissea*, Libro XXII, vv. 1-4.
[66] Ivi, Libro XXIV, v. 531.

mondo per concentrarla sul mio corpo, che prende il posto del mondo, mentre il mondo sparisce dai miei progetti e dalla mia attenzione. A questo punto il mio *corpo*, che non coincide più con il mio Io e non ha più un mondo davanti a sé, diventa *organismo*, non perché è affidato alle cure mediche, ma perché ha perso i contatti con il mondo della vita, e le uniche emozioni che restano in campo a un Io separato dal proprio corpo sono la rassegnazione o la disperazione.

Nel mondo della vita, infatti, ogni mio atto rivela che la mia esistenza è corporea e che il corpo è la modalità del mio apparire. Questo organismo, questa realtà carnale, i tratti di questo viso, il senso di queste parole portate da questa voce non sono le espressioni esteriori di un Io che sta alle spalle o nascosto nel mio corpo, ma sono quell'Io, così come il mio volto non è un'immagine di me, ma è me stesso. Nel corpo c'è perfetta identità tra essere e apparire, e accettare questa identità è la prima condizione dell'equilibrio.

Non esiste infatti un pensiero al di fuori della parola che lo esprime, perché solo abitando il mondo della parola il pensiero può risvegliarsi e farsi parola. Allo stesso modo non esiste un uomo al di fuori del suo corpo, perché il suo corpo è lui stesso nel realizzarsi della sua esistenza. Se non si accetta questa presenza, che si dischiude nel rapporto del corpo con il mondo, è impossibile accedere alla comprensione della realtà umana e all'ordine dei suoi progetti nel mondo.

Lo *spiritualismo*, che comprende l'uomo a partire dalla "realtà dell'anima", concepita come sostanza che vive in una dimensione atemporale, e il *materialismo scientifico*, che risolve ogni pensiero nella biochimica del cervello, dimenticano il primo che il corpo è ciò senza cui l'uomo non è al mondo, il secondo che il cervello può lavorare solo coordinando ciò che *riceve* dal mondo, grazie a un corpo che nel mondo è presente non come organismo fisico, ma come corpo vivente su cui, per successive impressioni, si vengono a inscrivere i fatti come si sono svolti, secondo quel principio ordinatore che è il *nostro corpo coinvolto*. Quando diciamo “nostro”, buttiamo sulla bilancia della verbalizzazione quella perfetta coincidenza che fa del corpo quell'*evento assoluto* che dà ai fatti e agli avvenimenti il loro ritmo, la loro cadenza, la loro successione, da cui emerge l'oggetto specifico della psicologia che è il loro significato per noi.

9.
Il corpo e il conflitto dell'emozione

Per cogliere il significato che le emozioni hanno per noi occorre abitare il mondo. Abitare il mondo significa "umanizzare" le cose, rendersele familiari, avere nei loro confronti quella sorta di consuetudine che sta alla base delle nostre quotidiane abitudini e delle nostre consumate abilità. Ma per mantenere questo rapporto, indispensabile per abitare il mondo, occorre che tra il corpo e le cose sia mantenuto quel *giusto intervallo* che consente di evitare da un lato la "partecipazione mistica"[67] dei primitivi, che si riscontra anche nei bambini che vivono le cose come se fossero animate, e dall'altro quel distacco che disanima a tal punto le cose e il mondo che ci circonda da renderlo in-umano.

Occorre una distanza ottimale perché io possa leggere questa pagina, perché possa comunicare con questa persona. Troppo vicine o troppo lontane, le cose e le persone invaderebbero o scomparirebbero a tal

[67] L. Lévy-Bruhl, *Les fonctions mentales dans les sociétés inférieures* (1910); tr. it. *Psiche e società primitive*, Newton Compton, Roma 1970, capitolo I: "Le rappresentazioni collettive nelle percezioni dei primitivi e il loro carattere mistico", pp. 59-95.

punto dal mio campo percettivo o dialogico da rendere assolutamente impossibile percezione e dialogo. Questo intervallo, questa distanza sono dunque necessari perché il mio corpo non sia impedito e la mia esistenza non sia invasa. Scopriamo così nel cuore della *presenza* che si dischiude nel rapporto del corpo con il mondo un *conflitto* permanente, una rettifica continua della distanza, che ci conduce vicino alle cose per comunicare, ma non troppo per non esserne sommersi.

Il mondo dischiuso dall'esistenza, infatti, non è un mondo di pura familiarità, l'incontro dell'uomo con la natura non è all'insegna dell'idillio, come una certa sensibilità romantica ha preteso di far credere. Ogni cosa dimora avvolta da un alone di ambiguità, e improvvisamente può mostrare un'altra faccia rispetto a quella consueta. La notte che invita al riposo, alla confidenza, all'incontro fra due esseri è anche il regno delle tenebre, dell'oscurità, della minaccia. Il bambino ne ha giustamente paura.

Sollecitato com'è dal bisogno di ridurre l'alone di mistero e di inquietudine che avvolge le cose, il bambino cerca, nella continua richiesta di "spiegazioni ragionevoli", il modo di rassicurarsi. La sua crescita va di pari passo con la trasformazione della presenza da "magica" a "oggettiva", percorrendo in pochi anni quella che è stata la storia dell'umanità. Nominando l'evento, assegnandolo a una causa, in qualche modo lo si esorcizza, gli si impedisce di apparire inquietante. L'insieme delle spiegazioni, quindi il sapere, è una specie di apparato protettivo che consente all'uomo di entrare nel mondo senza troppa ansia e inquietudine.

Oggettivate, poste di contro (*ob-jectum*) a quella "giusta distanza" di cui si diceva, le cose acquistano quella dimensione familiare senza la quale la presenza non può veramente costituirsi. In questo senso la scienza e il modo scientifico di accertare le cose hanno diminuito la loro potenza ostile, la loro carica aggressiva e inquietante, ma senza sopprimerla. L'*emozione* che irrompe improvvisa è lì a dimostrare che l'armonia con il mondo non è mai così salda e definitiva; che l'imprevisto, l'inatteso, l'inquietante sono sempre in agguato, pronti a sconvolgere la presenza appena esorcizzata; che il cosmo ha la durata d'un giorno perché ancora non ha definitivamente rotto i legami con il caos che lo sottende e che lo nutre.

Tutto questo non per alimentare rinnovati sogni illuministici, ma per ricordare che non si può scambiare l'*ordine* del mondo dischiuso dalla scienza, che è solo una via che agevola l'ingresso nel mondo, con l'*assetto* del mondo, così come non si può, dopo che su uno scoglio ci si è salvati da una tempesta, pensare con quello scoglio di arginare il mare. L'emozione, tanto svalutata dalla condotta razionale, allude a questi sensi che il corpo registra nelle sue alterazioni improvvise, nei suoi scompensi che arrivano fino a simulare, nello svenimento, la condizione di chi è sopraffatto dal mondo, divenuto in un attimo del tutto inospitale, tale quindi da non poterci più vivere.

Fuori da un contesto fenomenologico, ossia da quell'originaria *apertura* del corpo al mondo in cui si risolve la nostra quotidiana esistenza, il fenomeno dell'emozione è incomprensibile. Le spiegazioni fisiologiche della scienza, con il loro ricorso al sistema nervoso centrale e periferico, confondono il *significato* di un fenomeno con le *modalità* con cui, osservato con una certa metodica, il fenomeno stesso si manifesta.

Infatti, anche se a livello di modificazioni fisiologiche, come ci ricorda Sartre,[68] il riso e il pianto impegnano lo stesso sistema muscolare e nervoso, non si può dire la stessa cosa quanto al loro *significato*. Il

[68] J.-P. Sartre, *Idee per una teoria delle emozioni*, cit., p. 133.

significato è ciò che la fisiologia non può comprendere e che la psicologia evita di comprendere quando, limitandosi alla pura analisi dell'emozione, trascura ciò di fronte a cui ci si emoziona, ossia il *mondo*, dove sono le cose che producono commozione o esultanza, collera o gioia, entusiasmo o paura.

Se dunque l'emozione è un certo modo di apprendere il mondo, di comportarsi di fronte alle cose, l'emozione non è un *disordine fisiologico*, ma una *condotta organizzata* che consente di sfuggire a ciò che non si può sostenere. Le lacrime e la commozione che invadono chi si trova, portato dal discorso, a ricordare la perdita di un amore profondo e mai più sostituito non sono per nulla un *disordine espressivo*, ma una *condotta adeguata* a un'esistenza che ancora non può o non vuole ammettere l'irrimediabilità della perdita, il vuoto che si è creato nella propria vita.

Non potendo sostenere questo vuoto, l'esistenza non si sostiene e perciò si abbandona a una condotta compensatoria che ha il potere di evocare intorno a sé delle presenze che riducono la sofferenza di un'irrimediabile solitudine. In quella commozione, in quel pianto non c'è un calcolo ragionato, ma la soluzione brusca di un conflitto. Con le lacrime non si *può* più parlare di ciò intorno a cui si *vuole* tacere, per non tematizzare quella modalità d'esistenza all'insegna della solitudine troppo dura da sostenere. L'emozione è dunque un mezzo per eludere una difficoltà a cui non si saprebbe reggere, quindi un modo per continuare, nonostante tutto, a essere-nel-mondo.

Per scoprire il significato dell'emozione, non dobbiamo andare a cercarlo, come fa la psicoanalisi, nell'inconscio, quasi che l'emozione sia l'*effetto manifesto* di una *causa latente*, perché allora, nonostante l'attenzione che la psicoanalisi ha sempre mostrato per il "significato" dei fatti psichici, di nuovo ci troveremmo costretti in quel rapporto di causalità, derivato dalla fisica, che, se è idoneo a spiegare le relazioni tra le cose, non lo è per l'ordine delle intenzioni, dei sensi e dei significati.

Se il corpo non è una *cosa*, né semplicemente la sede di fatti fisiologici, ma è una *presenza* intenzionalmente aperta alle cose del mondo, è in questa presenza che dobbiamo trovare il significato dell'emozione e non in qualcos'altro a essa estraneo e per di più non manifesto come è appunto l'inconscio, perché altrimenti dovremmo concludere che l'emozione esprime un senso che resta del tutto ignoto a chi si emoziona.

Se la scomparsa di quell'amore ha modificato il mio mondo circostante e il mondo delle mie relazioni, chi me la ricorda per un istante mi ri-accorda con quella modificazione che il mio mondo ha subìto con quella morte. La mia esistenza, che andava ricucendo i sensi spezzati del mio mondo, si ritrova improvvisamente retrocessa a quel tempo in cui il mondo sembrava non avere più senso. L'emozione a questo punto si spiega da sé: nessuna causa inconscia la determina, ma la possibilità sempre incombente che, per quanti sforzi io faccia per dare un significato al mio nuovo modo di essere-nel-mondo, il mondo si rifiuta, per ripropormi l'ineluttabilità della solitudine, l'inutilità dei miei sforzi per dar senso, dopo quella scomparsa, alla mia esistenza.

Allora non piango "per farmi consolare", ma per scongiurare questa eventualità che qualcuno mi ha ricordato come possibile. Con tutto il mio corpo mi ritiro dal mondo che si era appena dischiuso, per evitare, con le lacrime, di percepire il suo possibile crollo. Se poi nascondo il volto tra le mani e mi ritiro non è "per star solo con il mio dolore", ma per espormi il meno possibile a un mondo che, senza quell'amore, non so più come percorrere. Incapace di sostenere il mondo divenuto per un attimo inospitale, nell'emozione il corpo si ritira e si raccoglie su di sé per continuare a sopravvivere.

10.
L'emozione come trasformazione magica del mondo

Se l'emozione è una *modificazione* del nostro modo di essere-nel-mondo, non sarà possibile comprenderla senza un riferimento al mondo a cui è intenzionata e da cui trae alimento. Come giustamente osserva Sartre: "L'uomo che ha paura ha sempre paura di *qualcosa*",[69] e anche se il "qualcosa" ha i contorni così indeterminati da sfumare nell'indistinto, come per il bambino il buio della notte, è pur sempre di certi aspetti del buio, di certe ombre della notte che il bambino ha paura.

Sono gli aspetti e le ombre che diventano così invadenti da abolire ogni presa sul mondo, da mettere in scacco radicale l'ordine della mia presenza al mondo. La loro aggressione troppo violenta oltrepassa la misura abituale, sopprimendo tra il corpo e il mondo ogni sorta di margine e di intervallo che consenta all'esistenza di continuare ad abitare.

L'insieme delle protezioni, la sequenza delle abitudini che assicurano l'esistenza nel vivere quotidiano scompaiono d'improvviso, per cui l'esistenza si sente messa a nudo, senza rifugio e senza risorse, mentre il mondo, abolite tutte le immagini rassicuranti, si offre

[69] J.-P. Sartre, *Idee per una teoria delle emozioni*, cit., p. 133.

estraneo, di una estraneità inquietante, come se improvvisamente fossero venute meno le tracce di quell'ordito che la mia esistenza aveva pazientemente tessuto per orientarsi in quel mondo che ora sorge *insolito*.

Suggestiva è, a questo proposito, la considerazione di Sartre, che parla dell'emozione come di una *trasformazione magica del mondo*: "Quando le vie diventano troppo difficili o quando non scorgiamo alcuna via perché tutte le vie sono sbarrate, eppure bisogna agire, allora tentiamo di cambiare il mondo, cioè di viverlo come se i rapporti delle cose con le loro potenzialità non fossero regolati da processi deterministici, ma dalla *magia*".[70]

Quando le gambe mi vengono meno, il cuore mi batte più debolmente, quando impallidisco, cado e svengo perché la minaccia del pericolo mi toglie ogni possibilità d'azione, niente mi sembra meno adeguato di questa condotta che mi lascia alla mercé del pericolo. Eppure, osserva Sartre: "Questa è una condotta d'*evasione*. Lo svenimento è qui un *rifugio*. [...] Non potendo evitare il pericolo attraverso le vie normali e le concatenazioni deterministiche, l'ho negato, attivando una condotta magica dall'intenzione annichilente. I limiti della mia azione magica sul mondo sono nel fatto che io posso sopprimere il pericolo come oggetto di coscienza solo sopprimendo la coscienza stessa. In ogni modo, con questa azione ho voluto annullare il pericolo ed effettivamente l'ho annullato per quanto era in mio potere".[71]

Se, invece di svenire, fuggo, dal punto di vista emotivo la mia *fuga* non è una condotta razionale, non è un calcolo di chi vuol porre tra sé e il pericolo la più grande distanza possibile, perché allora la mia condotta non sarebbe emotiva, ma prudente. Emotiva è quella fuga a cui ricorre chi non è in grado di

[70] Ivi, p. 137.
[71] Ivi, p. 138.

annullarsi nello svenimento, per cui, conclude Sartre: "La fuga è uno svenimento simulato, è una condotta magica che consiste nel negare l'oggetto pericoloso. Allo stesso modo i pugilatori inesperti si gettano sull'avversario con gli occhi chiusi: vogliono sopprimere l'esistenza dei suoi pugni, rifiutano di percepirli e perciò sopprimono simbolicamente la loro efficacia. Così ci si presenta il senso reale della paura; è una coscienza che mira a negare, attraverso una condotta magica, un oggetto del mondo esterno e che arriverà ad annullarsi, per annullare con sé l'oggetto. [...] Dal punto di vista emotivo, quindi, è il corpo che, diretto dalla coscienza, cambia i propri rapporti con il mondo, affinché il mondo cambi la sua qualità".[72]

Per quanto suggestiva, questa interpretazione sartriana dell'emozione non è convincente, per la semplice ragione che si muove ancora nell'ambito del *dualismo antropologico* che concepisce l'uomo diviso in anima e corpo, dove il corpo compare semplicemente come il *luogo* in cui la coscienza vive il suo turbamento, o come lo *strumento* di cui essa si serve per esprimere il magico. Sartre non si rende conto che nell'emozione il corpo non è al servizio di una coscienza, ma è l'*immediatezza della presenza* dischiusa dal rapporto del corpo con il mondo reale, e non come il corpo del commediante, che nella *rappresentazione* mima la gioia o la tristezza senza essere né contento né triste, perché quei modi di condotta si rivolgono a un mondo fittizio.

Nell'emozione il corpo *non mima* un comportamento perché la coscienza ha bisogno di trasformare magicamente il mondo; nell'emozione il corpo *si comporta*. La spiegazione sartriana presuppone che la coscienza non sia mai pienamente abolita, che le distanze effettive del mondo, i suoi connotati reali

[72] Ivi, pp. 138-139.

non siano mai veramente annullati, mentre è proprio questo che succede nell'emozione, è l'alterazione improvvisa del mondo che determina un'improvvisa alterazione del mio modo di abitarlo. L'alterazione magica non è ciò a cui la coscienza ricorre per *risolvere* il conflitto emotivo, ma è ciò che, sconvolgendo l'aspetto del mondo, dove il corpo aveva preso le sue misure e contratto le sue abitudini, *crea* il conflitto emotivo.

Quando, percorrendo una strada solitaria, ho l'impressione che una figura mi stia seguendo, il brivido che percorre il mio corpo, la paralisi che prende le mie gambe, l'impercettibile tentativo di accelerare il passo senza dare nell'occhio, l'alterazione del ritmo respiratorio nonostante i miei sforzi per contenerla, questi "sintomi" che danno corpo alla mia emozione non sono la *risposta magica* a un mondo che si vuole annullare, ma sono la *vera risposta* a un mondo che è divenuto minaccioso, perché il mio corpo l'ha già magicizzato quando ha sentito quella persona come "minacciosa", quando ha abolito le distanze reali che ancora la separavano da me, quando ha risolto delle intenzioni possibili e dei rapporti oggettivi in un unico sfondo confuso che poteva solo mettere paura.

Questa alterazione magica, che non *risolve* l'emozione ma la *crea*, produce un universo analogo a quello del sogno, dove le porte non riparano, le gambe, anche se corrono, non allontanano, le armi impiegate per difendersi non funzionano, perché tutti questi oggetti non sono percepiti per quel che sono, ma a partire da una situazione o dallo sfondo di un mondo già catturato dall'atmosfera dell'angoscia.

Ci sono allora per il corpo due modi di essere-nel-mondo, a seconda che il mondo appaia come un complesso di utensili utilizzabili per uno scopo, o già magicizzato come totalità non utilizzabile e quindi inabitabile. Questo secondo modo di presentarsi del mondo è il modo dell'emozione che, lungi dall'essere un disordine passeggero dell'organismo che influisce sulla mente, o della mente che influisce sull'organismo, è qualcosa che rinvia a ciò che significa. Per comprendere il significato dell'emozione, dobbiamo riferirci alla vita e non alle concezioni psicofisiologiche che il pensiero causale ha introdotto per spiegarla.

E questo perché, nel caso dell'emozione, non c'è una causa psichica che produce un effetto fisico, né un motivo fisico con conseguenze psichiche. Non proviamo una sensazione di spavento o di terrore *perché* subiamo ad esempio una perdita di tono, né subiamo una perdita di tono *perché* ci spaventiamo. Spavento e perdita di tono sono due espressioni linguistiche che trascurano il *significato* dell'emozione, per far riferimento alla *concezione* psicofisiologica che spezza l'unità della vita nel dualismo di corpo e psiche. A questa conclusione non sfugge lo stesso Sartre quando tenta di stabilire una relazione *causale* tra il corpo e la coscienza. In realtà, ciò che l'emozione sconvolge non è un organismo o una coscienza, ma quell'*apertura* che il mio corpo dischiude sul mondo.

Spavento e perdita di tono sono allora due espressioni linguistiche che designano la medesima cosa, ossia la perdita di un sostegno, il vacillare dell'abituale orientamento del mio corpo nel suo spazio unitario, storico, vitale e dimensionale, per cui il problema dell'emozione non si risolve affermando che un moto psichico di difesa viene "convertito" nel corporeo, ma comprendendo che il corpo è ciò senza il quale *non si costituisce* per noi una presenza al mondo, e quando il mondo diventa inquietante e terribile anche la nostra presenza al mondo assume questi caratteri. Solo così si può capire perché nella circostanza emotiva il corpo resta l'unico "campo espressivo" dell'uomo che, ormai incapace di urlare, di protestare, di affrontare un mondo, si trova a singhiozzare, a tremare, a impallidire, a svenire.

11.
L'emozione e la vulnerabilità dell'esistenza

Se la nostra esistenza è un'apertura al mondo, allora *l'emozione è l'esperienza della vulnerabilità dell'esistenza*. Il sorgere insolito del mondo ha infatti come suo correlato la vertigine del mio corpo che, nel presentire l'imminenza del terrificante, si sente pervaso dalla sorda minaccia dell'annientamento. Per questo arretra, si contrae, si ritrae e, per quanti sforzi io faccia per reinserirmi nella situazione, per tentare nonostante tutto di ri-abitare il mondo, il corpo non mi segue.

Nell'emozione è l'esistenza che si spezza, che non riesce più a riordinare le idee e le immagini che si affollano alla rinfusa, mentre una respirazione affannata e mozza più non trattiene le membra che si affidano a gesti sempre più scoordinati. Questa vita autonoma che ogni frammento della mia apertura al mondo va assumendo non consente più alcuna presa sulla situazione.

Non si tratta di una "pantomima isterica", o di un gioco che la coscienza fa recitare al corpo, ma dell'impotenza dell'esistenza definitivamente sommersa e incapace di riprendersi. L'esperienza emotiva, forse come nessun'altra, ci rivela quanto sia fragile la nostra apertura al mondo e precario l'equilibrio pazientemente elaborato tra il corpo e il mondo.

Eppure, in ogni emozione c'è una certa *dismisura* tra la situazione oggettiva e la tonalità affettiva che l'accompagna. La paralisi che si avverte è quasi sempre *sproporzionata* all'occasione che la scatena, come se la mia esistenza subisse una perdita più radicale di quella che si sta effettivamente verificando, una perdita non limitata a questa o a quella cosa, ma al mondo nella sua totalità.

È l'*angoscia*, che Heidegger descrive come presagio del nulla che si avverte nello spaesamento di fronte al progressivo dileguarsi del Tutto: "L'angoscia ci soffoca la parola. Poiché l'ente nella sua totalità si dilegua e poiché così proprio il niente ci assale, tace al suo cospetto ogni tentativo di dire 'è'. Che nello spaesamento dell'angoscia noi si cerchi spesso di infrangere il silenzio vuoto proprio con parole dette a caso, non è che la prova della presenza del niente. Che l'angoscia sveli il niente, l'uomo stesso lo attesta non appena l'angoscia se ne è andata. Nella luminosità dello sguardo sorretto dal ricordo ancora fresco, dobbiamo dire: ciò di cui e per cui ci angosciavamo non era 'propriamente' niente. In effetti il niente stesso, in quanto tale, era presente".[73]

Eppure, se è vero che la paura è sempre paura per qualcosa di *determinato* che sotto questo o quel determinato profilo ci minaccia, mentre l'angoscia è a tal punto *indeterminata* che risulta impossibile indicare ciò di cui ci si angoscia, è altrettanto vero che questa indeterminazione non si presenta da sé, ma sempre come lo sfondo indistinto di una determinata paura. È di questo sfondo indistinto che ci si emoziona, ed è perché l'oggetto che incute paura introduce in questo

[73] M. Heidegger, *Che cos'è metafisica?*, in *Segnavia*, cit., p. 68.

sfondo, dove è in gioco la totalità, che l'emozione non controlla più nulla.

Qui si capisce la "dismisura" e la "sproporzione" che esiste tra l'emozione e l'oggetto che la provoca. L'oggetto come tale può essere controllato, ma la totalità che l'oggetto richiama, per quella profonda trama ontologica che fa di ogni cosa un'espressione della totalità, traduce ogni paura in *panico*, dove l'impaurito resta preso nella sfera del pauroso, i cui confini sono i confini della totalità che gli antichi Greci chiamavano *pán* (tutto), assegnando poi questo nome a un dio: Pan.

Chi, inesperto, si tuffa nell'acqua ha paura dell'"onda" che per un attimo lo sommerge e, nel tentativo di salvarsi, diventa insicuro rispetto alla "totalità del mare"; perde la testa, e l'angoscia che l'assale non è più per l'onda, ma per la totalità che gli scompare senza offrirgli un appiglio a cui agganciarsi.

Se infatti "mondo" e "corpo" non sono che due termini di quell'articolata struttura unitaria che è l'essere-nel-mondo, quando nell'angoscia si dà quell'*inversione* dell'apertura del corpo al mondo, dove un mondo invece di offrirsi si allontana, il corpo va avanti da solo, come semplice pulsione ormai cieca e senza scopo, che tortura, spaventa, angoscia perché, senza mondo, ciò verso cui si dirige è l'estremo limite del completo vuoto esistenziale. È il nulla che, coinvolgendo tutta l'esistenza, la impoverisce fino a farle perdere ogni rilevanza significativa.

Se è vero che dove c'è mondo lì c'è anche linguaggio, si comprende perché l'angoscia, in cui si esprime la vulnerabilità dell'esistenza, sia di per sé un fenomeno *inesprimibile*. L'indicibilità del nulla, che si determina con il progressivo oscurarsi di qualsiasi significazione mondana, si dà appunto quando il mondo non parla più al corpo originariamente dischiuso alla comprensione del mondo che si dilegua e scompare. Per questo l'angoscia paralizza la parola. L'insignificanza dietro la quale si è celato il mondo non consente più alla parola di alludere a qualche significato.

Quando il silenzio si rompe e riappare la possibilità di un enunciato positivo, affidato magari a modalità espressive non ancora verbali ma somatiche come l'ansietà cardiaca, respiratoria o epigastrica, l'angoscia non c'è già più. Con la parola parlata o anche solo allusa, con il linguaggio della corporeità, anche se ancora a livello "patologico", il mondo si è comunque ricostituito, e con esso l'apertura del corpo al mondo, e il suo paziente ricucire sensi e significati in un attimo profondamente lacerati. Ancora una volta il linguaggio del corpo si offre a reintrodurre l'esistenza nel mondo, in un mondo che è stato sottratto al "panico" per essere riconsegnato, come vuole l'espressione di Heidegger, alla "cura (*Sorge*)".[74]

[74] M. Heidegger, *Sein und Zeit* (1927); tr. it. *Essere e tempo*, Utet, Torino 1978, §§ 39-44, pp. 286-349.

12.
L'emozione estetica

"Estetica" è un termine che deriva dal greco *aisthánomai*, che vuol dire "sentire", "percepire con i sensi del corpo". Ci sono infatti emozioni che non hanno una parentela visibile con il nostro pensiero concettuale e neppure una funzionalità in vista di scopi da raggiungere o di pericoli da evitare. Sono le emozioni estetiche che ci sor-prendono, ci prendono alle spalle, ci trascinano in un altrove che ci porta fuori dalla realtà e persino dal nostro mondo, per offrircene un altro di cui non siamo gli autori, e neppure gli spettatori, ma i trasportati dalle cadenze della musica, dal ritmo della poesia, dalla visione estatica dell'opera d'arte, "stupiti" come dice Aristotele,[75] "senza concetto e senza scopo" come dice Kant,[76] "trafitti (*durchstehet*)" come dice Thomas Mann,[77] "salvati" dal monotono accadere delle cose del mondo, come dice Fëdor Dostoevskij.[78]

[75] Aristotele, *Metafisica*, 982b.

[76] I. Kant, *Kritik der Urteilskraft* (1790); tr. it. *Critica del giudizio*, Laterza, Roma-Bari 1960, § 44.

[77] Th. Mann, *Buddenbrooks. Verfall einer Familie* (1901); tr. it. *I Buddenbrook. Decadenza di una famiglia*, Einaudi, Torino 2014.

[78] F. Dostoevskij, *Idiót* (1869); tr. it. *L'idiota*, Feltrinelli, Milano 1998.

È la bellezza. Assolutamente non definibile, sottratta a quella cattiva infinità, per cui una cosa è solo un mezzo per raggiungere un'altra cosa, senza mai approdare all'*inutile*, in cui si svela quel segreto dove ciò che si sente rimanda all'in-audito, ciò che si dice rimanda all'ineffabile, ciò che si vede rimanda a ciò che non si vede, il visibile all'invisibile. E queste due dimensioni, che nessun concetto raggiunge, sono raccolte dall'emozione *estetica*, a sua volta catturata in una dimensione *estatica*, dove neppure essa è in possesso di sé.

In questa condizione di estraneità e insieme di familiarità, di gioia e di angoscia, dove gli opposti si toccano, perché, come scrive Dostoevskij, "là vivono tutte insieme le contraddizioni", le facoltà razionali tacciono, quasi fossero ipnotizzate dall'irrompere dell'emozione estetica, a sua volta trascinata in qualcosa di estraneo che sentiamo a noi più intimo di quanto non lo sia il mondo che abitualmente frequentiamo.

Nella musica l'emozione precede la ragione, e dialogando con se stessa la musica esprime una dimensione universale che supera quella che si raggiunge con la concettualità. La musica, infatti, è un linguaggio comprensibile a tutti. E questo perché la musica non significa se non quello che manifesta. E quello che manifesta è l'ineffabile, l'indicibile, perché i suoni non si lasciano tradurre nel linguaggio che abitualmente impieghiamo per intenderci. I suoni della musica ci portano in un'altra direzione, verso ciò che turba, verso ciò che inquieta, e al tempo stesso attrae.

Se dalla musica passiamo alla letteratura, e in particolar modo alla poesia, lo scenario non cambia, perché anche la poesia mostra qualcosa che rinvia ad altro, dove il vicino richiama il lontano, il noto l'ignoto che mette ai margini il campo visivo della realtà per una visione superiore, che i Greci chiamavano *epopteía*. Per questo Omero era cieco e invocava le Muse affinché gli raccontassero che cosa era successo a Troia.[79] Per questo la Musa tolse la vista a Demodoco, dandogli in cambio il dono del canto perché lo amava.[80]

Togliere la vista significa indebolire la percezione della realtà esterna per accrescere quella interna. Togliere ai pensieri i loro rivestimenti concettuali per consegnarli a quell'ulteriorità di senso che la concettualità comprime. Mettere tra parentesi la realtà come abitualmente la percepiamo per accedere a quei nuclei di verità che, al di là di ogni principio di realtà, ci commuovono e ci attraggono verso ciò che turba e che, per quanto rimosso nella pratica quotidiana, chiede di essere considerato, non spiegato, ma neppure ignorato e dimenticato. Si tratta infatti di quell'indeterminato al di là, a cui ogni espressione musicale, poetica e artistica rinvia.

In questo rimando c'è l'invito a scoprire non il reale che si percepisce nel mondo sensibile, e neppure quello ordinato dalle idee, ma quello che si situa al di là delle nostre abituali emozioni, immaginazioni, idee, aspirazioni che non sanno sporgere in quell'ulteriorità di senso a cui l'estetica, nella sua dimensione estatica, rinvia.

A questo rimando siamo sollecitati da quell'emozione tipica del mondo estetico che è l'*entusiasmo*, che non allude a una generica euforia, ma a quell'esperienza sorprendente e insieme inquietante quando avvertiamo che a parlare non è il poeta, ma il dio che lo abita dentro (*én theós*). Per questo Pindaro si definiva *profeta* perché riferiva (*phatízo*) le cose che il dio gli dettava dentro. Al pari di Cassandra che, non creduta, annunciava il futuro che il dio, racchiuso nel suo corpo, le svelava: "*Deus inclusus corpore humano iam,*

[79] Omero, *Iliade*, Libro I, v. 1; *Odissea*, Libro I, v. 1.
[80] Omero, *Odissea*, Libro VIII, vv. 63-64.

non Cassandra loquitur," dice Cicerone,[81] quasi riprendendo i versi di Euripide nelle *Baccanti*: "Quando invero il dio entra possente nel corpo, fa dire il futuro a coloro che infuriano".[82]

Questa condizione di "possessione" e di "entusiasmo", senza la quale non c'è creazione poetica, è riconosciuta anche da Platone, che la annovera tra le forme di divina follia (*theĩa manía*): "Si tratta della follia che prende tenere anime immacolate e inaccesse, le desta e le entusiasma in lirico canto e in altre poetiche composizioni; infonde ordine e bellezza ad antiche gesta, le sopravvenienti generazioni educando. Ma chi senza la follia delle Muse si avvicina alla poesia, convinto di diventar poeta per averne acquistato la tecnica (*ek téchnes*), inutile è a lui la sua arte perché, di fronte alla poesia dei folli (*mainoménon*), la poesia del saggio (*sophronoũntos*) ottenebrata scompare".[83]

Del resto, è sempre Platone a ricordarci che "i doni più grandi ci vengono dalla follia, naturalmente data per dono divino".[84] E allora l'entusiasmo, l'emozione della creazione poetica, si distingue in modo radicale da tutte le emozioni, perché, dopo che ci siamo congedati dalla ragione, ci porta nell'altra parte di noi stessi dove a parlare è la follia che ci abita. Per questo Heidegger dice che "i poeti sono i più arrischianti"[85]: perché la creazione poetica non può nascere dalle regole della ragione, ma solo da un'immersione nella nostra follia, da cui non è garantito che si possa riemergere.

Questa condizione non è solo del poeta o dell'artista, ma contamina anche chi legge la poesia o con-

[81] Cicerone, *De Divinatione*, I, 67.

[82] Euripide, *Baccanti*, vv. 299-300.

[83] Platone, *Fedro*, 245a.

[84] Ivi, 244a.

[85] M. Heidegger, *Wozu Dichter?* (1926), in *Holzwege* (1950); tr. it. *Perché i poeti?*, in *Sentieri interrotti*, La Nuova Italia, Firenze 1968, p. 291.

templa l'opera d'arte, perché una vera comprensione è concessa solo a chi partecipa della follia dell'artista che quell'opera ha creato.

Ne dà testimonianza la sindrome che Stendhal descrive (e che da lui ha preso il nome) nella sua visita alle opere d'arte esposte a Firenze, al cui cospetto, riferisce l'autore, è stato colpito da tachicardia, vertigini, capogiro, confusione mentale che alterava il pensiero e la percezione, per non parlare dell'affettività dalle tonalità ora depressive ora euforiche ora estatiche, non disgiunte da crisi d'ansia generalizzata e panico.[86] È il turbamento di chi partecipa alla follia dell'artista, senza la quale l'opera non sarebbe mai nata.

Ce ne dà conferma Jaspers, il più grande psicopatologo del secolo scorso, che in *Genio e follia* scrive: "Lo spirito creativo dell'artista, pur condizionato dall'evolversi di una malattia, è al di là dell'opposizione tra normale e anormale e può essere metaforicamente rappresentato come la perla che nasce dalla malattia della conchiglia. E come non si pensa alla malattia della conchiglia ammirandone la perla, così di fronte alla forza vitale dell'opera non pensiamo alla schizofrenia che forse era la condizione della sua nascita".[87] Ancora una volta si conferma che sono le emozioni a creare il nostro mondo, ma solo l'emozione estetica ha la forza di dischiudere quel mondo al di là del mondo che abitualmente non percepiamo e neppure pensiamo.

[86] Stendhal, *Rome, Naples et Florence, en 1817* (1817); tr. it. *Roma, Napoli e Firenze nel 1817*, Editori Riuniti, Milano 1943.

[87] K. Jaspers, *Strindberg und Van Gogh* (1951); tr. it. *Genio e follia. Strindberg e Van Gogh*, Raffaello Cortina, Milano 2001, p. 120.

Parte terza
La vita emotiva oggi

"Parte delle emozioni a cui pretendiamo di affidare il timone delle nostre vite, in realtà, non sono nemmeno nostre. Ma dato che niente ci consente di distinguerle da quelle che davvero scaturiscono da noi stessi, siamo tentati di accordare loro la stessa fiducia! Il rischio è dunque quello di obbedire, a nostra insaputa, a un estraneo che abita abusivamente sotto il nostro tetto... proprio quando siamo convinti di seguire un'inclinazione personale."

S. Tisseron, *Verità e menzogna delle emozioni* (2005)

13.
L'ambivalenza emotiva

Noi oggi viviamo nell'età della tecnica che non è più, come si è soliti pensare, uno *strumento* nelle mani dell'uomo, perché, per effetto della sua espansione, è diventata il nostro *ambiente*, riducendo l'uomo a funzionario di apparati tecnici e fruitore di strumenti tecnici, non perché li desideriamo, ma perché siamo obbligati a desiderarli.[88] Oggi, infatti, nessuno di noi è libero di avere o non avere un computer o un cellulare perché, se le relazioni sociali passano attraverso i computer e i cellulari, non avere questi strumenti equivale a un'esclusione sociale.

A differenza delle epoche pre-tecnologiche, la tecnica non tende a uno scopo, non promuove un senso, non apre scenari di salvezza, non redime, non svela la verità. La tecnica *funziona*, e il suo funzionamento è regolato da una razionalità semplice e rigorosissima: ottenere il massimo degli scopi con l'impiego minimo dei mezzi. Questa razionalità è condivisa anche dall'economia, la quale però ha ancora una passione

[88] Per un approfondimento di questa tematica rimando a U. Galimberti, *Psiche e techne. L'uomo nell'età della tecnica*, Feltrinelli, Milano 1999.

umana, che è la passione per il denaro, da cui la tecnica è del tutto esonerata.

Siccome la tecnica è diventata il nostro ambiente, se non vogliamo incorrere nell'emarginazione sociale non possiamo sottrarci alla sua razionalità. Ma tutti noi abbiamo anche una vita emotiva che comprende passioni, affetti, sentimenti, immaginazioni, sogni che, dal punto di vista della razionalità tecnica, sono considerati elementi di disturbo che intralciano la rigorosità delle procedure e mettono a rischio la funzionalità, l'efficienza e la produttività, che sono i valori della tecnica.

Per questa ragione nelle relazioni di lavoro e nelle relazioni pubbliche e sociali è richiesta *la sospensione, quando non la rimozione, del coinvolgimento emotivo*, a cui tutti noi ci atteniamo, per evitare quelle dinamiche che potrebbero far trasparire la rabbia, il risentimento, il senso di colpa, la vergogna, perché queste emozioni e altre consimili potrebbero determinare l'esclusione dal mondo del lavoro, a cui segue l'emarginazione sociale.

Ma, come ci ha insegnato Freud, il rimosso ritorna. E siccome noi non viviamo più in un ambiente naturale, dove le emozioni potrebbero esprimersi nella contemplazione incantata di un paesaggio, in uno sguardo smarrito nel cielo, in una fuga al di là dell'orizzonte, in un volto in cui ancora sono reperibili i tratti dell'umano e non il ruolo o la funzione che a quel volto danno identità, le emozioni si esprimono in quella forma concisa che legittima automaticamente i nostri sentimenti, senza lasciare alcun margine di discussione, nella formula: "Io sento così".

In questo "sentire" fa la sua comparsa una testimonianza biografica a cui nulla si può obiettare, perché le biografie non possono essere discusse. Cosa si può obiettare a chi dovesse dire "Io non sento più alcun amore per te" oppure "Dopo quel lutto, sento la mia vita insignificante"? Sono frasi che lasciano poco spazio alla discussione, perché il sentimento così enunciato esige subito un immediato riconoscimento.

Ma è un riconoscimento legittimo quello provocato da un "Io sento"? Oppure questa è un'espressione che, nell'istante in cui viene enunciata, provoca l'ebbrezza di un'assoluta libertà dal momento che non è contestabile, ma nel contempo obbliga l'individuo a gestire la propria esistenza senza il supporto degli indispensabili legami sociali?

E se da un lato la razionalità della tecnica obbliga a una sospensione della propria vita emotiva, dall'altro ergere il proprio sentimento a unica legge della propria condotta priva l'individuo di quelle relazioni sociali di cui la vita emotiva ha bisogno per esprimersi. Ma vediamoli da vicino questi due scenari: quello della razionalità della tecnica, che esige la rimozione del nostro sentimento, e quello dell'assunzione del proprio sentimento come unico criterio di giudizio sottratto a ogni verifica.

14.
La razionalità della tecnica e la rimozione dell'emozione e del sentimento

La razionalità della tecnica ha sviluppato le nostre potenzialità intellettuali, operando quella trasformazione dell'uomo in senso intellettualistico che ha avuto come effetto l'impoverimento, se non addirittura la rimozione, del mondo immaginale, emotivo e sentimentale, che nell'epoca pre-tecnologica erano i tratti che caratterizzavano la nostra vita intima.

E questo perché nel mondo pre-tecnologico l'azione umana aveva in vista dei fini che rappresentano l'appagamento dell'agire umano, e quindi soddisfano le emozioni e i sentimenti che si attivano in presenza di realtà immediatamente fruibili, come accade ad esempio ai bambini. Nel mondo della tecnica, invece, ogni fine raggiunto diventa un mezzo per un ulteriore fine, che a sua volta è mezzo per il fine successivo. In questa catena di mezzi, dove ogni cosa è condizione di ogni altra, senza che un fine ultimo sia percepibile, le emozioni e i sentimenti diventano irrilevanti, quando non muti, e comunque indiscutibilmente sostituiti dai calcoli della razionalità della tecnica che, per esigenze di metodo e di funzionalità, tende a eliminare le interferenze dell'emozione e del sentimento.

Ciò comporta che il *mondo della vita*, dove si agisce in vista di un *fine*, diventa ogni giorno di più un *mondo tecnico*, che è un universo di *mezzi* regolato dal dominio dell'intelletto, dove i problemi dell'azione vengono tradotti in connessioni razionalmente calcolabili, con elisione massiccia di ogni influenza sentimentale e di ogni decisione di carattere emotivo.

Siccome gli uomini non differiscono per le caratteristiche del loro intelletto, in quanto le differenze che qui si registrano sono di grado, di profondità, di superficialità, di ampiezza, di limitatezza, in una parola di *quantità*, la sempre maggior irrilevanza e la scarsa incidenza dei fattori impulsivi, emotivi e sentimentali, che fanno di ogni uomo qualcosa di *qualitativamente* diverso dall'altro, determinano quell'omologazione dell'umano in cui le singole soggettività scompaiono a favore di una sempre maggior oggettività nello stile di vita.

L'appiattimento della vita emotiva che si imputa all'età della tecnica rispetto alle epoche precedenti, la facilità dell'intesa sul piano intellettuale anche tra uomini dalla natura più diversa, lo spirito conciliante che nasce dall'indifferenza nei confronti dei problemi fondamentali della vita interiore, che non possono essere risolti con gli strumenti del solo intelletto, generano quegli uomini "senza qualità", per usare un'espressione di Musil,[89] che senza metter più in gioco alcun contenuto di vita, in cui è la loro specificità e singolarità, interagiscono fra loro come puri funzionari dell'apparato tecnico, come riflessi meccanici dei rapporti fra le cose che la tecnica ha già prestabilito in termini di pura razionalità.

Ma agire in termini puramente razionali significa limitare il proprio sguardo alla semplice relazione causa-effetto, e misurare le proprie azioni non più in

[89] R. Musil, *Der Mann ohne Eigenschaften* (1930-1942); tr. it. *L'uomo senza qualità*, Einaudi, Torino 1972.

ordine ai valori, che sono produzioni antropologiche legate alla vita emotiva e sentimentale, ma in ordine alla pura consequenzialità che si stabilisce tra le azioni descritte e prescritte dall'apparato e la loro perfetta esecuzione, per cui anche il burocrate di un campo di concentramento o l'impiegato di una fabbrica di armi può ritenere di compiere solo un "lavoro" e non un "crimine".

Emblematica è la risposta che Franz Stangl, direttore del campo di concentramento di Treblinka, dà a Gitta Sereny che, nel corso delle sue interviste, ripetutamente gli chiedeva che cosa aveva provato a compiere quotidianamente quelle esecuzioni. Stangl non capisce la domanda e ne dà conto nella sua risposta, quando alla fine dice un po' seccato: "Ma io non ero incaricato di provare qualcosa, ma di eseguire il piano che era stato predisposto. E siccome lo eseguivo perfettamente, mi consideravo e tuttora mi considero un ottimo funzionario".[90]

Secondo Günther Anders,[91] il nazismo può essere considerato il prototipo dell'età della tecnica, dove la vita emotiva diventa irrilevante e la responsabilità non riguarda il contenuto della propria azione o gli effetti che ne derivano, ma unicamente la buona esecuzione degli ordini ricevuti dal superiore, per cui l'impiegato di banca che riceve dal suo capo-area l'ordine di vendere titoli deteriorati è considerato un "buon" funzionario se riesce a venderli e non se ha scrupoli di coscienza nel venderli. Allo stesso modo, gli operai che costruiscono armi sono responsabili della buona riuscita del prodotto, ma non degli effetti che derivano da ciò che producono.

[90] G. Sereny, *Into that Darkness* (1974); tr. it. *In quelle tenebre*, Adelphi, Milano 1994, Parte terza, capitolo VIII.

[91] G. Anders, *Wir Eichmannsöhne* (1964); tr. it. *Noi figli di Eichmann*, Giuntina, Firenze 1995, pp. 29-32.

Trasformando i modi di agire soggettivi, a cui partecipa la vita emotiva di ciascuno di noi, in modi impersonali e oggettivamente sottoposti a norme, la razionalità della tecnica rafforza la *parte egoica* che, in ambito psichico, è l'unica razionale. Questo rafforzamento dell'"ego" esaspera le componenti "egoistiche" dell'individuo, per il quale perseguire l'interesse egoistico è semplicemente "logico", mentre ogni forma di dedizione e di altruismo, avendo le sue radici nella dimensione emotiva e sentimentale, che nel regime della razionalità tecnica non ha parola, appare come semplice espressione di irrazionalità.

In questo modo all'intellettualismo della razionalità tecnica corrispondono l'egoismo sul piano etico, l'individualismo sul piano sociale, il narcisismo sul piano psicologico e quindi il progressivo e inevitabile deperimento di tutta la vita emotiva. La conseguenza è che il nostro sentimento non è più in grado di percepire, avvertire, immaginare dove la tecnica, che si sviluppa autonomamente e in modo esponenziale al di fuori di qualsiasi orizzonte di senso, condurrà l'uomo e come lo trasformerà.

È un dato di fatto che la nostra *capacità di produzione*, che è illimitata perché l'incremento delle prestazioni tecniche non conosce limite, ha già superato la nostra *capacità di immaginazione*, che è limitata, e comunque tale da non consentirci più di comprendere, e al limite di considerare "nostri", gli effetti che l'inarrestabile sviluppo tecnico è in grado di provocare.

A paralizzare la nostra forza di immaginazione non è solo la grandezza e l'inarrestabilità delle prestazioni tecniche, ma anche l'infinita *parcellizzazione* dei processi lavorativi, meglio nota come "divisione del lavoro", per cui, dopo un certo numero di passaggi, in qualsiasi prestazione industriale, commerciale, amministrativa ci troviamo, non siamo più in grado di seguirne la trama, con conseguente destituzione di senso in ordine a quanto andiamo facendo.

Quel che si è detto per l'immaginazione vale anche per la *percezione*. Quanto più si complica un apparato tecnico, quanto più si intreccia con altri apparati, quanto più si ingigantiscono i suoi effetti, tanto più si riduce la nostra capacità di percepire i processi, gli effetti, gli esiti e, se lo pretendessimo, gli scopi, di cui siamo parti e condizioni.

Questo scarto fra produzione tecnica da un lato e immaginazione e percezione umana dall'altro rende *il nostro sentimento inadeguato rispetto alle nostre azioni* che, al servizio della tecnica, producono qualcosa di così *smisurato* da rendere il nostro sentimento incapace di reagire. E questo perché, come scrive Anders: "Il nostro sentimento di reazione si arresta alla soglia di una certa grandezza",[92] e da "analfabeti emotivi" assistiamo al proliferare delle armi nucleari, alla distruzione del sistema ecologico, a una ricchezza e a una povertà decise più dalle tecniche che regolano il regime economico che dal nostro effettivo lavoro, alla possibilità della comunicazione totale superiore ai contenuti effettivi che abbiamo da comunicare, alla presenza simultanea di tutti gli accadimenti del mondo senza un'adeguata possibilità di assimilazione.

Nella lettera del 1963 scritta al figlio di Eichmann, dopo il processo e la condanna a morte di suo padre in Israele, Anders, nel tentativo di andare alle radici di quella mostruosità che fu lo sterminio di sei milioni di ebrei, scrive: "L'inadeguatezza del nostro sentire non è un semplice difetto fra i tanti; non è neppure soltanto peggiore del fallimento della nostra immaginazione o della nostra percezione; essa è invece addirittura peggiore delle peggiori cose che sono già

[92] Ivi, p. 34.

accadute; e con questo voglio dire che essa è persino peggiore dei sei milioni. Perché? *Perché è questo fallimento che rende possibile la ripetizione di queste terribilissime cose*; ciò che facilita il loro accrescersi; ciò che probabilmente rende addirittura inevitabili questa ripetizione e questo aumento. Infatti a incepparsi non sono solo i sentimenti dell'orrore, della stima o della compassione, bensì anche il *sentimento della responsabilità*. Per quanto possa sembrare infernale, anche per quest'ultimo valgono le medesime cose che valevano per l'immaginazione e la percezione: *esso si fa tanto più debole quanto più aumenta l'effetto a cui miriamo o che abbiamo già raggiunto; diventa cioè uguale a zero. E questo significa che il nostro meccanismo d'inibizione si arresta del tutto non appena si sia superata una certa grandezza massima*. E poiché vige questa regola infernale, ora il 'mostruoso' ha via libera".[93]

L'esperimento nazista – non per la sua crudeltà, ma per *l'irrazionalità che scaturisce dalla perfetta razionalità di un'organizzazione* che cresce su se stessa al di fuori di ogni orizzonte di senso, dove, come nel caso di Stangl, "sterminare" assume il semplice significato di "lavorare" – può essere assunto come quell'evento che segna *l'atto di nascita dell'età della tecnica*.

Un evento che oggi può apparire come qualcosa di erratico, di atipico per la nostra epoca o per il nostro modo di sentire. Ma se il nostro sentimento non si porta all'altezza dell'operare tecnico generalizzato a dimensione globale e senza lacune, ciascuno di noi rimane irretito in quella irresponsabilità individuale che consentirà al totalitarismo della tecnica di procedere indisturbato, senza neppure più il bisogno di appoggiarsi a tramontate ideologie.

[93] *Ibidem*.

E allora, scrive ancora Anders, come facciamo, in assenza di un sentimento all'altezza dell'accadere tecnico, a evitare che l'età della tecnica segni quel punto assolutamente nuovo nella storia, e forse irreversibile, dove la domanda non è più "che cosa possiamo fare noi con la tecnica", ma "che cosa la tecnica può fare di noi"?

15.
L'assunzione del proprio sentimento come unica regola di vita

La constatazione di non possedere un sentimento all'altezza dell'accadere tecnico può indurre ciascuno di noi a una *ritirata emotiva* che assume come regola della propria vita quello che uno "sente". A determinare questa scelta è il bisogno di proteggere la propria vita che si sente assediata dalle crescenti pressioni esercitate dalla razionalità tecnica, per difendersi dalle quali non si vede altro rifugio se non nel proprio sentimento, legittimato dalla propria biografia.

Un criterio, questo, che, in quanto biografico, si sottrae a ogni discussione e a ogni verifica. In questo modo, proprio partendo dall'"Io sento", ciascun individuo cerca di produrre un mondo a sua immagine e somiglianza, realizzando così quell'autosufficienza che lo porta a sciogliere ogni legame con gli altri e, come effetto del progressivo assorbimento in se stesso, a perdere i contatti con il mondo comune e con la società.

Il collasso della vita sociale finisce con il mettere a rischio anche la vita interiore, quella intima, perché quando le emozioni e i sentimenti sono guidati da una fantasia che si sente libera, semplicemente perché si è liberata dalle verifiche imposte dall'esperienza comune del mondo, questa fantasia non tarda a sconfinare nelle allucinazioni che, in assenza di un mondo comune, si affermano indisturbate.

In un'atmosfera caratterizzata da un diffuso senso di irrealtà, i soggetti hanno l'impressione di poter realizzare i più avventati voli della fantasia, perché sono stati rimossi gli ultimi ostacoli ai desideri più arbitrari, creando così una realtà conforme ai propri sogni che non tarderanno a rivelarsi come paurosi incubi.

Infatti, quando la differenza tra realtà e fantasia diventa sempre più vaga, si ha l'impressione di poter disporre di una felicità a portata di mano che ridisegna la trama illusoria della "libertà di scelta" che, invece di scegliere una linea d'azione al posto di un'altra, si traduce, come osserva Christopher Lasch,[94] in un'"astensione dalla scelta" che trova espressione, ad esempio, in "matrimoni aperti", "relazioni senza impegno" che al soggetto appaiono come scelte di vita dettate da ciò che "sente", mentre sono scelte rese disponibili dalla cultura del consumo.

In questa cultura la libertà consiste nella possibilità di scegliere tra un marchio e l'altro, che di fatto sono indistinguibili, ma all'apparenza sembrano concorrenti, come effetto della pubblicità che dà l'illusione di una varietà invitante, la quale, in ordine alle scelte di vita, si esprime in amanti intercambiabili, amicizie intercambiabili, lavori intercambiabili.

Là infatti dove i rapporti personali seguono lo schema dei prodotti pubblicizzati, che irradiano intorno a sé scenari di possibilità illimitate, la scelta non implica più impegni e conseguenze, perché tutto, dalla scelta di un amico a quella di un amante o di una carriera, può essere suscettibile di una cancellazione immediata, non appena si presentino opportunità all'apparenza più vantaggiose.

[94] Ch. Lasch, *The Minimal Self* (1984); tr. it. *L'Io minimo*, Feltrinelli, Milano 1985, p. 24.

Ma se un uomo sceglie di sposarsi perché può anche divorziare, se una donna sceglie di mettere al mondo un figlio con il retropensiero di poter anche abortire, se uno studente sceglie un indirizzo di studi con la riserva mentale di poterlo anche cambiare o abbandonare, se chiunque entra nel mondo del lavoro sceglie una professione, che però può anche lasciare perché non "sente" sua, allora il proprio sentimento assunto come unico criterio delle proprie scelte, sottratto a ogni forma di verifica che non sia ciò che "Io sento", introduce un concetto di *libertà come revocabilità di tutte le scelte*.

Ma là dove la scelta non implica più effetti irrevocabili perché nessuna sembra precluderne un'altra, là dove non muta il corso delle cose, là dove non avvia una catena di eventi che può anche risultare irreversibile, allora è l'idea stessa di scelta che nega la libertà che pretende di sostenere.

Infatti, in uno scenario dove tutto è revocabile, dove anche le identità possono essere indossate e dismesse come un abito, nessuna identità esprime più il senso e la storia di una vita che fa riferimento a un mondo comune, rassicurante e durevole. Al suo posto è subentrata un'individualità dai mille volti, che non esprime una biografia in cui è rintracciabile un senso costante di sé, ma solo una serie di riflessi fugaci nello specchio di un ambiente circostante che ha preso il posto del mondo comune. In questo ambiente si assumono di volta in volta i modelli che dalla pubblicità vengono segnalati, in quel regime di esteriorità che è poi il mondo della vita emotiva irrimediabilmente consegnata alla sua esposizione.

16.
L'esposizione della vita emotiva e la perdita del pudore

Se chiamiamo "intimo" ciò che si nega al pubblico per concederlo solo a chi si vuol far entrare nel proprio segreto profondo e spesso ignoto a noi stessi, allora il pudore, che difende la nostra intimità, difende anche la nostra *libertà*. E la difende in quel nucleo dove la nostra *identità* personale decide che *relazione* instaurare con l'altro.

Il pudore allora non è una faccenda di vesti, sottovesti o intimo abbigliamento, ma una sorta di vigilanza dove si decide il grado di apertura e di chiusura verso l'altro. Si può infatti essere nudi senza nulla concedere, senza aprire all'altro neppure una fessura della propria anima. La nudità del nostro corpo non dice ancora nulla sulla nostra disponibilità all'altro.

Ma contro tutto ciò soffia il vento del nostro tempo che vuole la *pubblicizzazione della propria intimità*, perché in una società consumista, dove le merci per essere prese in considerazione devono essere pubblicizzate, si propaga un costume che contagia anche il comportamento degli uomini, i quali hanno la sensazione di esistere solo se si mettono in mostra, per cui, tra uomini e merci, come scrive Anders: "Il mondo è diventato una 'mostra', un'esposizione pubblicitaria che è impossibile non visitare perché comunque ci siamo dentro".[95]

Quel che vale per le merci, infatti, vale anche per gli uomini che, dal momento in cui hanno rinunciato, per le esigenze conformiste della nostra società, alla loro specificità, sostituiscono l'*individualità* mancata con la *pubblicità dell'immagine*. Ciò produce una metamorfosi dell'individuo che ormai si riconosce solo nella propria immagine, e perciò non cerca più se stesso, ma la pubblicità che costruisce la sua immagine.

E in effetti non sono più il mondo e le cose del mondo che abitiamo, ma la loro pubblicità. Siamo "es-posti", e il pudore non è più un sentimento umano, il tracciato di un limite. La parola che ci espone pubblicamente ha rotto i confini, e i nostri vissuti emotivi, che un giorno abitavano il segreto della nostra interiorità, dove domina il raccoglimento e il silenzio, ma forse anche la solitudine, le parole di preghiera, le parole d'amore, le parole d'amicizia, le parole di rabbia, le parole umane, hanno dovuto esteriorizzarsi come la pelle rovesciata di un serpente.

Chi infatti non irradia una forza di esibizione e di attrazione più intensa degli altri, chi non si mette in mostra e non è irraggiato dalla luce della pubblicità non ha il potere di sollecitarci, di lui neppure ci accorgiamo, il suo richiamo non lo avvertiamo, non ce ne lasciamo coinvolgere, non lo riconosciamo, non lo usiamo, non lo consumiamo, al limite "non c'è".

Per *esserci* bisogna dunque *apparire*. E chi non ha nulla da mettere in mostra, non una merce, non un corpo, non un'abilità, non un messaggio, pur di appa-

[95] G. Anders, *Die Antiquiertheit des Menschen*, Band II: *Über die Zerstörung des Lebens im Zeitalter der dritten industriellen Revolution* (1980); tr. it. *L'uomo è antiquato*, Libro II: *Sulla distruzione della vita nell'epoca della terza rivoluzione industriale*, Bollati Boringhieri, Torino 2003, p. 146.

rire e uscire dall'anonimato mette in mostra la propria interiorità, dove è custodita quella riserva di emozioni, sensazioni, sentimenti, significati "propri" che resistono all'*omologazione*, che, nella nostra società di massa, è ciò a cui il potere tende per una più comoda gestione degli individui.

Allo scopo vengono solitamente impiegati i mezzi di comunicazione che, dalla televisione ai giornali, con sempre maggiore insistenza irrompono con "indiscrezione" nella parte "discreta" dell'individuo, per ottenere, non solo attraverso test, questionari, campionature, statistiche, sondaggi d'opinione, indagini di mercato, ma anche e soprattutto con intime confessioni, emozioni in diretta, storie d'amore, trivellazioni di vite private, che sia lo stesso individuo a consegnare la sua interiorità, la sua parte più intima, rendendo pubblici i suoi sentimenti, le sue emozioni, le sue sensazioni, secondo quei tracciati di "spudoratezza" che vengono acclamati come espressioni di "sincerità", perché in fondo: "Non si ha nulla da nascondere, nulla di cui vergognarsi".

Siccome "vergogna" viene dal latino *vereor gognam* che significa "temo la gogna", la mia esposizione pubblica, quando dico "non mi vergogno" sto dicendo che non temo l'esposizione agli altri. Ho oltrepassato quello che per chiunque sarebbe il pudore e ho fatto della spudoratezza non solo la mia virtù, ma la prova della mia sincerità e della mia innocenza.

Comportandosi in questo modo ognuno di noi dà un ottimo esempio di quell'*omologazione dell'intimo* a cui tendono tutte le società conformiste, per cui ciascuno finisce con il sentirsi "proprietà comune" e si comporta come se appartenesse a tutti. E poiché sa che, se non si comportasse così, se rifiutasse espressamente questo comportamento, verrebbe considerato "sconveniente" e diventerebbe "sospetto", lo fa anche con un certo ardore, con somma gioia di chi deve governare la società, perché, una volta pubblicizzata, l'intimità viene dissolta come intimità, e gli altri, che dovrebbero stare al confine esterno dell'intimo, diventano letteralmente "inevitabili", ogni volta che ciascuno di noi prova una sensazione, un'emozione, un sentimento.

A questo punto si potrebbe obiettare che, siccome il male avviene di solito segretamente, "segretezza" e "riservatezza" sono per l'opinione pubblica prove del male. E allora, per smentire l'opinione pubblica, omologata su questo pregiudizio, non resta che la spudoratezza di chi si tiene sempre pronto, "mani alla chiusura lampo", per interviste, pubbliche confessioni, rivelazioni dell'intimità, come è facile vedere in numerose trasmissioni televisive particolarmente seguite, dove l'invito è quello di collaborare attivamente e con gioia alla propria de-privatizzazione.

Per quanto la cosa possa apparire strana, la sua realizzazione nella nostra società è già in corso, e il processo di eliminazione del pudore è quasi completo, perché il pudore può essere non solo sintomo di "insincerità", ma addirittura, e qui anche gli psicologi danno una mano, di "introversione", di "chiusura in se stessi", quindi di "inibizione" se non di "repressione". E inibizione e repressione, recitano i manuali di psicologia, sono sintomi di un "adattamento sociale frustrato", quindi di una socializzazione fallita. Vedete dove si può arrivare avviando una sequenza un po' disinvolta di sillogismi?

Ma purtroppo la sequenza è avviata e la *nostra vita intima* è diventata *proprietà comune*. E allora perché non lasciarsi intervistare senza riserve e senza pudore? In fondo anche il nostro *corpo* è diventato proprietà comune, e quel che un tempo era prerogativa di alcune dive, come ad esempio farsi misurare seni e sederi e pubblicare le relative cifre sotto la fotografia, oggi è il gioco di qualsiasi ragazza che non voglia passar per inibita. Ma anche il *sesso* è diventato proprietà comune e, dalla stampa alla televisione a internet, è un susseguirsi di articoli e servizi sui piaceri e sulle difficoltà della camera da letto, redatti sotto forma di consigli, in modo confidenziale, come se fossero rivolti solo a te e non a un milione di orecchie.

Questo significa: "Non aver nulla da nascondere, nulla di cui vergognarsi". Significa che le istanze del conformismo e dell'omologazione lavorano per portare alla luce ogni segreto, per rendere visibile ciascuno a ciascuno, per toglier di mezzo ogni interiorità come un impedimento, ogni riservatezza come un tradimento, per apprezzare ogni volontaria esibizione di sé come fatto di lealtà se non addirittura di salute psichica.

E tutto ciò, anche se non ci pensiamo, approda a un solo effetto: attuare *l'omologazione della società* fin nell'intimità dei singoli individui e portare a compimento il conformismo. In fondo non è un'operazione difficile. Basta "non aver nulla da nascondere, nulla di cui vergognarsi", che tradotto significa: "sono completamente esposto", "non custodisco nulla di intimo", ma in compenso ho guadagnato visibilità, conformità sociale e forse qualche apprezzamento per il mio coraggio e la mia sincerità.

17.
Il mercato dell'intimità

Il modello di sviluppo senza limiti, che sempre più caratterizza il nostro modo di vivere, ci ha portato a commercializzare persino la nostra vita intima, come è evidente tutte le volte che affidiamo i nostri bambini alle baby-sitter, i nostri vecchi alle badanti, la cura della casa alle colf, la preparazione del cibo alle rosticcerie, le feste dei bambini alle apposite agenzie, le cene con gli amici al catering, la nostra solitudine o la nostra rappresentanza alle accompagnatrici, le nostre emozioni o sollecitazioni sessuali a chi, a pagamento, è disposto a offrircele.

Così nella nostra cultura, che ha eretto il denaro a unico generatore simbolico di tutti i valori, il vuoto culturale, determinato dalla svalutazione di questi valori, è stato riempito dal mercato che, come scrive opportunamente Arlie Russell Hochschild, sociologa all'Università di Berkeley in California,[96] oggi offre servizi che si incaricano di trovarci l'anima gemella, di organizzarci nozze perfette, feste di compleanno,

[96] A. Russell Hochschild, *The Commercialization of Intimate Life. Notes from Home and Work* (2003); tr. it. *Per amore o per denaro. La commercializzazione della vita intima*, il Mulino, Bologna 2006.

visite agli anziani e altro ancora a cui, chi più chi meno, siamo soliti ricorrere. A questo punto verrebbe da dire che tutto ciò che il mercato ci toglie con l'allungamento degli orari di lavoro o con l'impiego di entrambi i componenti della coppia genitoriale, poi ce lo offre in vendita sotto forma di servizi a pagamento.

E noi non esitiamo ad accettare tutto questo, anzi lo desideriamo, perché la *dipendenza* degli individui dal mercato è mascherata dall'*ideologia dell'indipendenza personale*, secondo la quale, potendo pagare, uno può realizzare se stesso, affidando al mercato la cura della famiglia, senza minimamente pensare che, proprio con questo affidamento, molte parti della nostra vita intima, sentimentale ed emotiva vengono vissute da altri.

E qui il pensiero corre all'educazione dei bambini, affidati a quelle strutture (nidi e asili), scelte non in base a criteri educativi, ma quasi esclusivamente in base a quanto tempo queste strutture trattengono i nostri piccini; agli adolescenti affidati alla scuola di cui i genitori si interessano unicamente in ordine ai risultati conseguiti dai loro figli che, quando hanno problemi di crescita, vengono affidati agli psicologi che suppliscono alla mancata attenzione e comunicazione genitoriale; alle coppie dove la scarsa dialogicità e il reciproco disinteressamento vengono suppliti con regali all'occorrenza, con l'offerta di qualche cena al ristorante, o con sette giorni di vacanza in paesi esotici comprati in un'agenzia di viaggi.

A dissolvere la famiglia è la mancanza di cura, essendo la cura promossa dal vissuto emotivo dispensandoci dal quale diventiamo apatici quando non analfabeti emotivi. E questo non necessariamente per trascuratezza della coppia genitoriale, ma fondamentalmente perché gli odierni ritmi lavorativi, improntati alla massima produttività ed efficienza, hanno sottratto ai padri e alle madri quell'unica cosa necessaria alla cura e alla crescita emotiva che è il *tempo*.

Il mito dell'efficienza, che all'inizio del secolo scorso Frederick Winslow Taylor aveva applicato alla catena di montaggio per eliminare i "tempi morti",[97] oggi si è trasferito dalla fabbrica alla famiglia, dove gli adulti "non hanno tempo".

Con l'intento di evitare alla madre e ai suoi bambini ancora piccoli la battaglia con la mancanza di tempo, il mercato individua immediatamente il problema e propone i suoi prodotti "già pronti" come soluzione. In assenza della merce viene in soccorso il mercato, che vende quella che Russell Hochschild chiama "l'ideologia del tempo-qualità",[98] per cui non è necessario che, in occasione del compleanno del suo bambino, la madre prepari la torta, gonfi i palloncini, inviti gli amichetti, ma è sufficiente che si affidi a un'agenzia di servizi che, oltre a farle guadagnare tempo, le regala quel "tempo-qualità" che consiste nel godersi la festa insieme al suo bambino e ai suoi amichetti, mescolando i propri gridolini agli strepiti dei bambini.

Ma purtroppo il tempo non è *qualità*. È *quantità* necessaria per far le cose insieme, per seguire i processi di crescita, per scoprire i problemi, per creare quella base di fiducia per cui i genitori "ci sono", non solo quando si compiono gli anni. Se il tempo-qualità, a scapito della quantità, non è sufficiente a togliere ai genitori il senso di colpa, l'ideologia del mercato moltiplica le sue ideazioni e tende a vendere come indipendenza e autonomia dei bambini quello che in un passato non troppo lontano si chiamava "incuria". A questi bambini che la Russell Hochschild definisce "in autogestione",[99] a questi bambini che, appena cre-

[97] F.W. Taylor, *The Principles of Scientific Management* (1911); tr. it. *L'organizzazione scientifica del lavoro*, Mondadori, Milano 1967.

[98] A. Russell Hochschild, *Per amore o per denaro. La commercializzazione della vita intima*, cit., p. 152.

[99] Ivi, p. 161.

sciuti, hanno le chiavi di casa, come si farà, quando saranno adolescenti, a dire di non rincasare alle sei del mattino?

Spesso sentiamo parlare di famiglia, di difesa della famiglia, di aiuti alla famiglia e nessuno ci avverte che la famiglia è incompatibile con il modello capitalista, costretto a diventare turbo-capitalista per effetto della concorrenza globale. Oggi una famiglia media non ha sufficienti risorse economiche se non lavorano entrambi i genitori, e per giunta a quel ritmo che va tutto a discapito della cura.

Cura dei figli, cura degli anziani, cura delle relazioni reciproche familiari e di vicinato, cura della propria vita emotiva. E se il mercato ci soccorre per tutto quello che non riusciamo più a "curare", non dimentichiamo che il denaro non vale uno sguardo accogliente, una carezza tranquilla, un sentimento gravido di storia, un tratto umano inscritto nel "prendersi cura (*Fürsorge*)" che, come ci ricorda Heidegger, è altra cosa del "pro-curare (*Besorgen*)" qualcosa a qualcuno.[100]

[100] M. Heidegger, *Essere e tempo*, cit., §§ 39-44, pp. 286-349.

18.
L'effetto internet sulle nostre emozioni

Le odierne tecniche di comunicazione, che sembrano limitarsi a facilitare la divulgazione non solo delle informazioni ma anche delle nostre emozioni e dei nostri sentimenti su scala molto più vasta di un tempo, a un esame più approfondito dimostrano di impedire la circolazione delle nostre idee e dei nostri sentimenti, non tanto perché il controllo viene esercitato da un pugno di grandi organizzazioni (questo già lo sappiamo), ma perché quando, per effetto dell'esposizione della nostra interiorità, nessuno ha più segreti per nessuno, e per tutti è identica l'esperienza del mondo e persino le parole per descriverlo, ciascuno ascolta quello che da sé potrebbe tranquillamente dire, e dice come sua opinione ciò che al pari di tutti ha ascoltato.

In questo monologo collettivo, abbiamo l'impressione di una maggiore libertà dovuta alla quantità dei mezzi di comunicazione a disposizione. In realtà ne abbiamo molta meno, perché nessuno dispone di altri contenuti da comunicare che non siano quelli a tutti comuni. Impossibilitati a distinguere tra realtà e apparenza perché, per effetto della mediazione tecnica, il mondo è diventato "rappresentazione", ciascuno forma il proprio mondo a partire dalle immagini del mondo di cui tutti siamo ugualmente e inesorabilmente riforniti, per cui, anche con il più piccolo accenno di introversione, ciascuno trova in ciò che ha di più intimo nulla di più di quanto vede scorrere sugli schermi di casa propria.

Dal modo di alimentarsi a quello di vestire, dal modo di abitare a quello di comunicare, tutto è appreso dai media, dove ogni spettatore, attraverso microprocessi di identificazione, compra la sua identità, per declinarla nella gioia o nel dolore, nella bontà o nell'odio, nel protagonismo, nella sessualità, nella morte. Tutto questo seguendo quel percorso tracciato dalle odierne tecniche di comunicazione che ci consentono di partecipare a tutte le modulazioni della vita con la velocità e la facilità della pressione digitale.

Questa, in modo allucinatorio, per brevi attimi, ci fa sentire creatori in un mondo sottratto al suo limite e consegnato per intero alla sua positività, per cui non c'è corpo che non sia affidato alla bellezza, la bellezza al contatto sociale, il contatto sociale alla comunicazione felicitante. In trenta secondi è possibile comprare l'evasione in un'agenzia di viaggi, il sesso in un sexy shop, la linea in un negozio di alimenti dietetici, la salute in una sorgente imbottigliata, in quel cortocircuito tra il desiderio e la sua soddisfazione in cui gli uomini hanno sempre pensato si nascondesse la felicità.

Penetrando senza essere richiesto, in modo indiscreto e invadente, senza neppure bisogno del nostro esplicito consenso, il mondo delle parole e delle immagini ci costringe alla "partecipazione" là dove le parole rinviano e dove le immagini rimandano, in quella sorta di capovolgimento del rapporto figura-sfondo, per cui la parola non emerge dal silenzio, e l'immagine dallo sfondo, ma parole e immagini sono divenute lo sfondo da cui ciascuno deve ritagliare un brandello di silenzio e di vuoto per incontrare se stesso.

Se la parola, come ci ricorda Aristotele, è il tratto distintivo dell'uomo (*zoôn lógon échon*), che ne è dell'essenza dell'uomo se la parola che egli pronuncia non è altro che una variante che accompagna la parola che ascolta o, come dice Anders, "un mero recitare insieme ciò che insieme si ascolta senza posa"?[101] Ridotti come siamo a ripetitori del monologo collettivo, l'anima di ciascuno risulta conforme all'anima dell'altro, e il suo tratto specifico, non avendo a disposizione un vocabolario che non sia il monologo collettivo in cui non riesce a esprimersi, o tace in quel silenzio che ciascuno sempre più avverte quando incontra se stesso, o prende gli itinerari spezzati, disarticolati e dissennati della follia, dove, come scrive Nietzsche: "Tutti vogliono le stesse cose, tutti sono uguali: chi sente diversamente va da sé al manicomio".[102]

Che ne è delle nostre emozioni e dei nostri sentimenti, che oggi passano per la gran parte attraverso internet, la posta elettronica, il cellulare e tutti gli altri mezzi consimili che sono i grandi rivelatori del rapporto che abbiamo con la realtà, con noi stessi e con gli altri? Quali aspetti della nostra personalità e delle nostre nevrosi rivelano?

Come i bambini cominciano a padroneggiare la realtà e a instaurare relazioni affettive tramite gli orsacchiotti e i giocattoli preferiti, così sembra che noi adulti non siamo più capaci di abitare il mondo e di garantirci le relazioni affettive senza quel tramite che è il cellulare, il computer portatile o il tablet, in nulla

[101] G. Anders, *L'uomo è antiquato*, Libro II: *Sulla distruzione della vita nell'epoca della terza rivoluzione industriale*, cit., p. 248.

[102] F. Nietzsche, *Also sprach Zarathustra. Ein Buch für Alle und Keinen* (1883-1885); tr. it. *Così parlò Zarathustra. Un libro per tutti e per nessuno*, in *Opere*, vol. VI, 1, Adelphi, Milano 1968, Prefazione, § 12, p. 13.

dissimili dall'orsacchiotto o dal giocattolo preferito dal bambino.

Che dire a questo punto? Che le nuove tecnologie, di cui andiamo tanto fieri, portano a una progressiva infantilizzazione di tutti noi e in generale della società in cui viviamo, confortati dalle considerazioni degli psicologi Luciano Di Gregorio,[103] Giorgio Nardone e Federica Cagnoni[104] che qui esponiamo.

L'intolleranza della distanza. Non c'è dubbio che il cellulare è un regolatore e un moderatore dell'angoscia di separazione, determinata non solo dalla lontananza fisica, ma soprattutto da quella più intollerabile di natura sentimentale che nasce dai vissuti di mancanza o di perdita del contatto con l'altro. È un sentimento, questo, che abbiamo provato più volte da bambini quando la mamma si assentava. La possibilità che il cellulare ci offre di superare questa distanza e sopperire a questa assenza dice quanto le sindromi infantili sono presenti e attive in noi, e quanto, incapaci di superarle, le tamponiamo con il mezzo tecnico. Se non riceviamo la telefonata che con ansia attendiamo, ci mettiamo noi a telefonare, a chattare, a scrivere mail, non perché abbiamo davvero qualcosa da dire, ma per soddisfare un bisogno di sicurezza incrinato, da ricostruire con contatti continui, per non dire compulsivi. Non tollerando la distanza, non sopportando l'assenza, viviamo come dono degli altri, in uno stato di dipendenza parziale o totale, che la dice lunga sul nostro stato infantile e sulla nostra mancanza di autonomia.

L'illusione dell'onnipotenza. Sappiamo che l'infanzia non conosce solo la dipendenza, ma anche l'on-

[103] L. Di Gregorio, *Psicopatologia del cellulare. Dipendenza e possesso del telefonino*, Franco Angeli, Milano 2003.

[104] G. Nardone, F. Cagnoni, *Perversioni in rete. Le psicopatologie da internet e il loro trattamento*, Ponte alle Grazie, Firenze 2002.

nipotenza, che compensa la dipendenza infantile. Le nuove tecnologie soddisfano anche questo bisogno, perché garantiscono illusoriamente il dominio e il controllo delle persone e degli eventi che ci interessano, con conseguente ridimensionamento dell'ansia a essi connessa che non viene più elaborata, ma immediatamente agita e placata dalla risposta dell'altro. Ciò comporta che le nostre capacità interiori di gestire ansie e conflitti si indeboliscono progressivamente, e al loro posto subentra quella sorta di delirio di onnipotenza che ci dà l'illusione di poter controllare la realtà a distanza con la semplice attivazione di una tastiera o di un auricolare.

Il controllo paranoico. Se per placare l'ansia abbiamo bisogno del controllo, il controllo a sua volta alimenta i nostri vissuti paranoici, per cui incontenibili diventano le nostre verifiche sulla vita delle persone che ci interessano, sui luoghi che frequentano, sugli spostamenti che effettuano, sulle persone che incontrano e sulle cose che fanno in nostra assenza. In nome dell'amore ci trasformiamo in investigatori privati che in ogni momento vogliono sapere dove si trova il compagno, la compagna, la moglie, il marito, la figlia, il figlio, sempre che essi ci raccontino la verità quando li raggiungiamo con il cellulare, e a condizione di essere abbastanza abili a captare alcuni segnali, i rumori di fondo, le voci d'attorno, e ora anche le immagini, che ci possono fornire utili indizi per alimentare la nostra ansia o garantire la nostra quiete. Quanta nostra impotenza a governare la nostra vita, il nostro presente e il nostro futuro, su cui non esercitiamo alcun controllo, scarichiamo sul controllo di quei malcapitati che sono i nostri familiari e i nostri partner?

L'esibizionismo. Ma l'onnipotenza non è vera onnipotenza se non è esibita, e l'esibizionismo è un'altra patologia che il cellulare manifesta, ogni volta che per strada o sul treno sentiamo persone che volutamente parlano a voce alta del loro elevato ruolo professionale o sociale, oppure delle loro faccende intime, personali, riservate, senza vergognarsi, anzi, quasi soddisfatti di avere un pubblico davanti al quale ostentare il loro bisogno di essere visibili a buon mercato al costo di una telefonata.

L'angoscia dell'anonimato. Il bisogno di visibilità la dice lunga sul terrore dell'anonimato in cui gli individui, nella nostra società, temono di affogare. "Anonimato" qui ha una duplice e tragica valenza: da un lato sembra la condizione indispensabile perché uno possa mettere a nudo, per via telefonica o per via telematica, i propri sentimenti, i propri bisogni, i propri desideri profondi, le proprie (per)versioni sessuali; dall'altro, è la denuncia dell'isolamento dell'individuo che, nel momento in cui cerca di superarlo attraverso contatti telefonici o telematici, svela quella triste condizione di chi può vivere solo se un altro lo contatta.

La perdita del mondo circostante e del mondo interiore. Di Gregorio fa notare ironicamente che, per uno strano scherzo lessicale, il "cellulare" ha lo stesso nome del mezzo che si usa per il trasferimento dei detenuti.[105] Andiamo allora a scoprire che cosa perdiamo con l'uso disinvolto di questo mezzo. Un'infinità di cose, a cui hanno rinunciato tutti quei nevrotici che per strada, al ristorante, in treno, al cinema, a teatro, e in generale ovunque arriva prepotente il trillo, girano ansiosamente su se stessi per "cercare campo", congedandosi immediatamente dalla conversazione, finché la telefonata non finisce. Naturalmente si scusano prima e dopo la telefonata. In entrambi i casi vi fanno comunque sapere che voi venite dopo, e molto

[105] L. Di Gregorio, *Psicopatologia del cellulare*, cit., p. 173.

dopo, la loro ansia, che non riesce ad astenersi dal flusso di parole che si scambiano al telefono.

Per loro il cellulare è la spina che li tiene legati al mondo, e così perdono il mondo circostante e soprattutto il loro mondo interiore. Infatti non sanno più cos'è il *silenzio*, che è poi l'unica condizione di cui disponiamo per entrare in comunicazione con noi stessi e quindi in qualche modo per conoscerci. Non sanno più cos'è l'*attesa*, con il carico di emozioni che comporta, e quel tanto di imprevisto che colora di sorpresa la nostra quotidianità. Non hanno più rispetto dell'atmosfera che si crea nella *comunicazione d'amore*, quando il mondo deve essere messo tra parentesi perché un altro mondo possa prender quota. Il loro presenzialismo al mondo esterno non concede all'interlocutore alcun privilegio. Un cellulare acceso è un mondo in mezzo ai due.

La perdita della libertà. Ma i telefonini si possono spegnere, talvolta non prendono, oppure la batteria è finita. E allora ecco tutta quella cascata di bugie e di giustificazioni a cui sono costretti quanti sono raggiungibili in qualsiasi punto della Terra, senza potersi sottrarre a quella sorveglianza continua a cui si sono sottoposti per sentirsi al mondo. Acceso o spento che sia, il cellulare non ci dà scampo. Se chiamiamo vuol dire che non sappiamo più attendere e, nell'attesa, pensare ed elaborare, se rispondiamo siamo in ogni momento alla mercé degli altri, se spegniamo il cellulare dobbiamo prima o poi giustificarci.

Come ognuno può constatare, non siamo più liberi, non abbiamo più *chance*. Non disponiamo più del nostro tempo per pensare le nostre risposte perché dobbiamo darle subito e di corsa, non abbiamo più la possibilità di interiorizzare i nostri amori perché, se non chiamano, è già subito abbandono. Non sappiamo più stare soli con noi stessi per più di un'ora, e così la nostra interiorità si impoverisce. E tutto ciò per sapere subito e sul momento che la mamma sta bene, che la fidanzata ci ama, che l'amico ci aspetta, che il commercialista è riuscito ad aggiustare le cose, che l'avvocato ha trovato un buco per riceverci, insomma che il mondo esterno c'è e funziona, e noi siamo in mezzo, e in ogni istante lo possiamo controllare. Così sappiamo di esistere.

Forse abbiamo perso il soliloquio dell'anima, ma in compenso il cellulare, anche se con qualche interferenza, con qualche forzato silenzio in galleria, con qualche vuoto di campo, ci ha dato il mondo, e se non proprio il mondo, senz'altro il rumore del mondo. Un buon baratto, tutto sommato. In cambio ha voluto solo una grossa fetta della nostra libertà.

La dipendenza da internet. Se ti svegli alle quattro di notte per andare in bagno e ti fermi a controllare la posta elettronica prima di tornare a letto, se disconnetti il wi-fi e provi un vuoto terribile perché per te il mondo reale non ha ormai più alcuna consistenza, se viaggi in treno o in aereo con il tuo portatile sulle gambe, se deridi le persone che hanno un computer che non è di ultima generazione, allora evidenti si sono fatti i segni della patologia che alcune ricerche americane hanno etichettato come *Internet Addiction Disorder*. Una patologia che ha le stesse caratteristiche della tossicodipendenza, del tabagismo, dell'alcolismo, del gioco d'azzardo, dell'attività sessuale irrefrenabile, dell'assunzione di cibo seguita da vomito. Queste caratteristiche, riconoscibili in quanti fanno un uso eccessivo di internet per soddisfare sul piano virtuale quel che non riescono a ottenere sul piano della realtà, ci dicono che siamo giunti fino al punto di percepire il mondo reale come un semplice ostacolo o impedimento all'esercizio della nostra onnipotenza, che sperimentiamo con immenso piacere nel mondo virtuale.

Lo shopping compulsivo on-line. Secondo Nardone

e Cagnoni,[106] non è un comportamento dettato tanto dal bisogno di eliminare una sensazione spiacevole, quanto dal piacere di catapultarsi in qualsiasi centro commerciale del mondo, di frugare incuriosito senza essere visto da nessuno, entrando e uscendo dal negozio in corrispondenza delle proprie esitazioni dettate dall'ansia e dal desiderio, senza suscitare il riso del commesso che, nella realtà, osserverebbe divertito lo svolgersi di questo rituale.

Il *trading on-line* a cui si applicano quanti giocano in Borsa attraverso internet. A parere di Nardone e Cagnoni,[107] "il trader oscilla solitamente tra due estremi: la paura e l'avidità" che, quando entrano in cortocircuito, minano le capacità di controllo dell'investitore, "spinto da una sensazione di invincibilità a correre rischi sempre più grandi e a prendere decisioni più frettolose". Questo processo viene esaltato da internet, "perché la rete aumenta la sensazione di poter tenere sotto controllo la situazione, poiché permette di conoscere l'andamento dei mercati a qualunque ora del giorno e della notte, con la contemporanea possibilità di operare on-line". Rispetto al gioco d'azzardo, il gioco in Borsa on-line è molto più pericoloso perché, grazie alla legittimità che gli viene attribuita, non è attraversato dai sensi di colpa di chi in rete si accosta ai numerosi casinò virtuali oggi esistenti, e quindi manca quel leggero freno che il senso di colpa può indurre in chi perde per aver "giocato", rispetto a chi perde per aver "investito".

Il *cybersesso* è una vera e propria dipendenza da sesso virtuale, dove la masturbazione individuale si arricchisce di una rappresentazione condivisa.

[106] G. Nardone, F. Cagnoni, *Perversioni in rete. Le psicopatologie da internet e il loro trattamento*, cit., pp. 55-57.

[107] Ivi, pp. 67-70.

La possibilità di parlare senza censura, offerta dall'anonimato, consente di liberare tutte quelle fantasie vissute finora in privato e talvolta con un senso di colpa, dal quale ci libera la possibilità di condividerle. Accade però che, giocando con la perversione e l'allucinazione del desiderio, ci si allontana dai rapporti sessuali reali che, rispetto a quelli virtuali, appaiono troppo insignificanti o troppo limitati dall'opacità della materia oppure troppo impegnativi per la presenza reale del partner.

Nelle *chat*, infine, uno è catturato dal piacere di poter liberare la sua fantasia presentandosi a degli sconosciuti con un'identità sessuale o con caratteristiche fisiche, di età, di occupazione, di stato civile diverse da quelle reali. Questa possibilità di mentire senza conseguenze, in mancanza di riscontri verificabili, riconduce a quel vissuto infantile dove si sono sperimentati sentimenti di onnipotenza e di libertà illimitata, a cui si aggiunge il piacere di essere affascinanti, almeno nel mondo virtuale, compensando in questo modo tutte le frustrazioni a cui si va incontro nel mondo reale.

Infatti chi chatta ha la possibilità di realizzare, anche se solo in modo virtuale, l'ideale del proprio Io, e di sentirsi finalmente ciò che vorrebbe essere e non riesce a essere. Con queste sensazioni a portata di mano, come fa costui a spegnere il computer e tornare in famiglia o tra gli amici dove nessuno lo crede davvero ideale? Di qui il bisogno irrefrenabile di aumentare le ore davanti al computer che, come una scatola magica, realizza d'incanto, e senza impedimenti o zone d'ombra, il sogno della nostra identità agognata.

Se poi scatta la tentazione di incontrarsi dopo diversi contatti on-line, spesso la realtà non rispecchia le aspettative, e allora il sogno si infrange e la delusione, se non addirittura la depressione, riconduce bruscamente alla realtà che non si sa come trattare. Eppure, nonostante la realtà smentisca il virtuale, non per questo ci si astiene, perché se solo il virtuale dà quello che il reale nega, allora si prende casa nel virtuale, riducendo i contatti reali, quelli a tu per tu, ormai divenuti fonte d'ansia e quindi da evitare il più possibile.

19.
L'amore romantico e l'amore virtuale. I siti di incontri in internet

La ragione per cui ci soffermiamo sui siti di incontri in internet non è dettata da una curiosità, ma dal fatto che internet riproduce il modello platonico di anima e corpo, dove una mente descrive con categorie psicologiche le emozioni del corpo, a differenza del modello fenomenologico che descrive le emozioni senza mediazioni razionali, ma nell'immediatezza di come sono vissute dal corpo originariamente aperto al mondo della vita.

I due modelli, che abbiamo illustrato nella *Prima* e nella *Seconda parte*, ci consentono di comprendere la differenza tra un'emozione raffreddata dalla descrizione compiuta dal primo modello, quello *platonico* riproposto da internet, rispetto alla descrizione del secondo modello, quello *fenomenologico*, che presenta l'emozione come appare quando è vissuta dal corpo dove sorge e si manifesta.

I rapporti virtuali hanno come loro caratteristica il fatto di prescindere dal corpo, il che consente, secondo alcuni, una più autentica espressione dell'Io. Valgano per tutti le considerazioni di Deborah Lupton, sociologa australiana che dirige il Centro di ricerca sociale all'Università di Canberra: "La tecnologia del computer offre all'uomo la possibilità di prescindere dal corpo. [...] Nella cultura del computer, la corporeità viene spesso indicata come un malaugurato ostacolo ai piaceri dell'interazione virtuale. [...] Nella letteratura cyber, il corpo viene spesso designato come la 'ciccia', la carne morta di cui è circondata la mente attiva che costituisce il 'vero' Io".[108]

La tecnologia telematica qui sembra seguire, senza esitazione, il percorso indicato da Platone per giungere alla verità. Scrive infatti Platone: "Sembra ci sia un sentiero che ci porta, mediante il ragionamento, direttamente a questa considerazione, e cioè fino a quando noi possediamo il corpo, e la nostra anima resta invischiata in un male siffatto, noi non raggiungeremo mai in modo adeguato ciò che ardentemente desideriamo, vale a dire la verità".[109]

Non c'è dubbio che i due percorsi si somigliano, come se Platone avesse anticipato la purezza del mondo virtuale rispetto al mondo reale gravato dalla materia. L'unica differenza – e non è una differenza di poco conto – è che Platone prescindeva dal corpo perché le informazioni che provengono dai sensi corporei sono differenti da individuo a individuo e, nello stesso individuo, a seconda delle diverse età. Pertanto queste informazioni non sono in grado di fondare un sapere universale e valido per tutti. Di qui la necessità di procedere per astrazioni che prescindono dal corpo, come sono le idee, i numeri, le misure, oggi noi diremmo i costrutti della mente, di cui, secondo Platone, è capace l'anima. Nasce da qui quel dualismo di anima e corpo, all'interno del quale, come abbiamo visto nella *Prima parte*, la psicologia ha letto il significato delle emozioni.

[108] D. Lupton, *The Embodied Computer/User*, in M. Featherstone, R. Burrows (a cura di), *Cyberspace, Cyberbodies, Cyberpunk*, Routledge, London 1996, p. 100.

[109] Platone, *Fedone*, 66b-67a.

Anche la tecnologia virtuale prescinde dal corpo perché solo così si può esprimere il "vero Io" in cui dimora la nostra parte razionale. Ma qui non è in gioco la verità, bensì l'amore che si esprime con emozioni che hanno la loro radice nel corpo: pulsazioni accelerate, balbettio, arrossamento del volto, incertezza dello sguardo, lacrime, tutte cose che stanno a dimostrare quanto il corpo sia coinvolto nelle emozioni e in particolare nell'amore, per cui giustamente Eva Illouz, docente di Sociologia all'Università di Gerusalemme, si chiede: "Se internet abolisce o mette tra parentesi il corpo, in che modo allora riesce a dar forma alle emozioni? O più precisamente, in che modo la tecnologia reinventa lo snodo tra emozioni e corporeità?".[110] A mio parere non c'è altro modo se non quello di abbandonare il modello del dualismo di anima e corpo introdotto da Platone e accedere al modello dell'apertura del corpo al mondo che lo sollecita e lo impegna, come abbiamo visto nella *Seconda parte*.

Nei siti di incontri l'Io deve auto-osservarsi e sottoporsi a una riflessione su di sé onde pervenire a un'autodefinizione che gli consenta di formulare delle opinioni e delle preferenze in ordine ai modelli ideali di partner, di amore e di stile di vita che dovrebbero appartenere a chi si vuole incontrare. Come si vede, la costruzione di questo *profilo* avviene a livello razionale, oggettivando se stessi attraverso categorie astratte desunte dalla psicologia e strumenti linguistici adeguati a esteriorizzare la propria soggettività, per offrire una rappresentazione di sé da esporre pubblicamente.

Tutte cose, queste, che differenziano radicalmente

[110] E. Illouz, *Gefühle in Zeiten des Kapitalismus* (2004); tr. it. *Intimità fredde. Le emozioni nella società dei consumi*, Feltrinelli, Milano 2007, p. 117.

l'amore "virtuale" dall'amore tradizionale, o se si preferisce "romantico", che non prende le mosse da una conoscenza di sé da tradurre poi in una "prestazione testuale", dove il testo affida al linguaggio la descrizione di sé quale risulta dall'auto-osservazione e dall'oggettivazione della propria soggettività.

Ancora: nell'amore romantico l'attrazione, oltre a non richiedere una conoscenza di sé, precede la conoscenza approfondita dell'altro, ma soprattutto non fa del proprio Io una merce esposta al pubblico che, in quanto pubblicamente esposta, avvia un incontro virtuale che non può evitare di riprodurre letteralmente la struttura del mercato, dove nell'auto-presentazione si espongono gli aspetti che si ritengono più attraenti di sé, come farebbe qualsiasi venditore nel descrivere la propria merce.

La Illouz chiama "capitalismo emotivo il progressivo fondersi del linguaggio dell'Io con le risorse del mercato, dove le emozioni sono diventate entità che possono essere valutate, indotte, discusse, negoziate, quantificate e mercificate. [...] Il sistema di conoscenze che ci ha portato a frugare negli angoli più remoti della nostra anima, insegnandoci l'alfabeto delle nostre emozioni, ha quantificato e reso intercambiabili le nostre relazioni [...] e contribuito in modo determinante alla penetrazione delle leggi del mercato nella sfera privata".[111]

Nei siti di incontri, al profilo segue la *foto*, dove fa la sua comparsa il corpo, ridotto però a immagine statica, senza i gesti che sono il suo specifico linguaggio, che è poi la fonte dell'attrazione nell'amore romantico. Inoltre, presentarsi attraverso una foto induce i soggetti ad assumere le pose dei modelli o delle modelle che rappresentano i canoni standardizzati della bellezza e della forma, con il risultato di perdere

[111] Ivi, pp. 156-157.

l'originalità del proprio aspetto in favore della convenzionalità diffusa dal sistema della moda.

Dal momento che internet promuove la ricerca del proprio partner come in un mercato, la foto viene confezionata in base alla consapevolezza di essere in concorrenza con altri secondo la legge della domanda e dell'offerta, per cui si è indotti a cambiare la propria immagine tanto più di frequente quanto più incerta e insicura è l'accettazione del proprio corpo.

In rete, dunque, l'amore esige, oltre a una razionalizzazione nel modo di presentarsi, anche una costruzione di sé nell'offrire la propria immagine. E questo è l'esatto contrario della spontaneità che caratterizza l'amore romantico, che irrompe inaspettatamente nella vita di una persona, senza ragione e senza perché, quindi su base irrazionale, senza far precedere la conoscenza cognitiva ai sentimenti, perché l'amore romantico conosce l'unicità della persona amata, mentre l'amore virtuale si nutre dell'abbondanza e dell'intercambiabilità delle persone contattate, dove l'analogia con le merci che si consumano finisce con l'indurre a disabitare il mondo dei sentimenti.

Malgrado l'abbondanza della scelta, o forse proprio per questo, dopo lo scambio dei profili, delle foto e da ultimo delle telefonate, dove il corpo si annuncia nel tono della voce, che è già un segnale discriminante che sollecita o chiude la relazione virtuale, l'incontro a cui si perviene è caratterizzato il più delle volte da un senso di delusione, dovuto al fatto che l'auto-presentazione ha sottolineato eccessivamente o addirittura unicamente gli aspetti positivi che non corrispondono alla realtà, oppure al fatto che le aspettative create da un lato dalla fantasia, dall'altro dal desiderio – fattori, questi, che promuovono l'idealizzazione dell'altro – crollano davanti a un corpo in carne e ossa che disattende le proiezioni che erano nate davanti a un profilo e a una foto.

Questa delusione è molto istruttiva perché ci dice

che il corpo visualizzato dall'anima secondo il modello platonico imperante da duemila anni, e oggi ripreso da internet che dà la precedenza alla conoscenza cognitiva, non corrisponde all'esperienza del corpo che, grazie alla sua fisicità che si manifesta nella voce, nello sguardo, nei gesti, nella postura, genera *emozioni vive* che sono sconosciute alla conoscenza razionale.

Ne consegue che, se vogliamo capire *che cos'è un'emozione*, non possiamo partire dal *dualismo platonico di anima e corpo*, dove le emozioni sono descritte da una mente con categorie psicologiche (qui illustrato nella *Prima parte*), ma dobbiamo assumere il *punto di vista fenomenologico*, inaugurato da Husserl, Heidegger, Jaspers, Sartre, Merleau-Ponty, Borgna (qui illustrato nella *Seconda parte*), dove il nostro corpo vivente, originariamente aperto al mondo, suscita immediatamente un'emozione di attrazione o repulsione senza bisogno di mediazioni razionali.

Maurice Merleau-Ponty, ad esempio, afferma che quello che *si sente* quando si vede una persona è molto più importante di quello che *si conosce* di quella persona. Se questo è vero, il profilo che uno costruisce oggettivando la propria soggettività per illustrarsi al suo interlocutore è decisamente molto meno importante di come il soggetto viene percepito quando lo si incontra, dove basta un particolare fisico come il modo di camminare quando ci si avvicina, la consistenza della stretta di mano quando ci si saluta, la postura del corpo quando ci si siede, il tono della voce quando si parla, la qualità dello sguardo quando si ascolta.

Tutti questi aspetti, di cui il soggetto è spesso inconsapevole, sono più decisivi nell'attrarre o nel respingere rispetto a tutte le parole che nell'incontro consapevolmente ci si scambia, perché le espressioni corporee, di cui non siamo consapevoli, trasmettono a nostra insaputa alla persona che incontriamo informazioni molto più significative di quanto pensiamo.

Il corpo, infatti, lancia messaggi che nessuna fotografia riesce a trasmettere, perché il corpo inerte che la fotografia immobilizza non ha nessuna parentela con il corpo vivente quando è animato, sollecitato e impegnato dal mondo-ambiente in cui di volta in volta viene a trovarsi. E questo spiega perché, come scrive Erving Goffman,[112] nella vita personale e in quella sociale a fare il lavoro di attrazione e repulsione è il corpo, non quello descritto dalla mente con le sue categorie scientifiche o psicologiche, ma quello in azione nel mondo della vita.

Nell'esperienza dell'innamoramento, la capacità di giudicare istantaneamente la persona o la situazione non appartiene all'Io che *calcola* costi e benefici, ma al corpo che *sente* immediatamente qual è la strada più breve e più efficace per giungere a una scelta, perché non deve percorrere il lungo cammino della mente che per scegliere deve fare l'elenco delle caratteristiche astratte e immateriali che corrispondono all'ideale a cui il soggetto tende a partire dai suoi bisogni e dalle sue aspettative. Questo "sentire immediato" del corpo in presenza di un altro corpo è probabilmente quello che la saggezza del linguaggio popolare intende quando parla di "colpo di fulmine", e in quel "colpo" stabilisce tutta la differenza qualitativa che distingue un amore romantico da un amore virtuale mediato da internet.

Internet ha indubbiamente creato opportunità che fino a ieri erano inedite per stabilire contatti e creare relazioni, ma non dispone delle risorse emotive e fisiche che fino a ieri sostenevano questi contatti e queste relazioni. Inoltre, i percorsi verbali necessa-

[112] E. Goffman, *Interaction Ritual* (1967); tr. it. *Modelli di interazione*, il Mulino, Bologna 1971.

ri per la costruzione dei profili e le istantanee fotografiche per offrire un'immagine di sé interferiscono e riducono la capacità di decidere che caratterizza l'attrazione romantica generata dal riconoscimento visivo e corporeo.

Questo riconoscimento è un evento che riesce meglio quando si fa a meno delle parole, per la semplice ragione che non ha bisogno di spiegare perché accade, e soprattutto non tollera che tra l'amante e l'amato si frapponga qualche elemento intellettuale o razionale allo scopo di comprendere l'esperienza dell'amore, sottraendola furtivamente al suo mistero che solo il corpo, e non la mente, conosce.

Parte quarta
Sorvegliare il futuro dei nativi digitali

"Se non siamo in grado di guidare il nostro destino, non per questo dobbiamo rinunciare a sorvegliarlo."

F. Colombo, *Confucio nel computer. Memoria accidentale del futuro* (1995)

20.
La rete non è un “mezzo”, la rete è un “mondo”

Non trascuriamo di sorvegliare il futuro dei nativi digitali, che ancora non si rendono conto che i mezzi di comunicazione che quotidianamente frequentano non sono un “mezzo” che possono impiegare a loro piacimento, ma sono un “mondo” che, nel momento stesso in cui li ospita, condiziona il loro modo di pensare e di sentire.

Che significa tutto questo? Significa che il mezzo esiste in funzione di un fine liberamente scelto, rispetto al quale il mezzo serve appunto a “mediare”. Il computer che sta sul mio tavolo è allora un “mezzo” come lo è il martello che serve a piantar chiodi o la tenaglia che serve per estrarli? No, risponderebbe Günther Anders, perché “non esistono apparecchi singoli. La totalità è il vero apparecchio. Ogni singolo apparecchio è, dal canto suo, solo una *parte* di apparecchio, solo una vite, un pezzo del sistema degli apparecchi. Un pezzo che in parte soddisfa i bisogni di altri apparecchi e in parte impone a sua volta, con la sua esistenza, ad altri apparecchi il bisogno di nuovi apparecchi. Non avrebbe assolutamente senso affermare che questo sistema di apparecchi, questo *macro-apparecchio*, è un ‘mezzo’ che è a nostra disposizione per una libera scelta di fini. Il sistema di apparecchi è il nostro 'mondo'. E 'mondo' è qualcosa di diverso da 'mezzo'. Appartiene a una categoria diversa".[113]

La rete, proprio perché non è un "mezzo" ma un "mondo", non mi lascia altra scelta se non quella di parteciparvi o starmene fuori. Il mio ipotetico sciopero privato non cambia nulla al fatto che, se tutta la vita reale, da quella occupazionale a quella privata, scorre sulla rete, non disporre di un apparecchio che alla rete mi collega mi esclude dal mondo, sia esso quello lavorativo sia esso privato.

La mia libertà di acquistare o meno un computer è già stata soppressa, perché non posso esimermi dal partecipare a quel mondo dove, come scrive ancora Anders, "ci è dato tanto più da vedere quanto meno ci è consentito di metterci bocca", in quella penosa condizione di *voyeurs* dove, scanditi dal ritmo frenetico della nostra bramosia di sapere, "brandelli di mondo si susseguono sul nostro schermo nella più assoluta ignoranza dei nessi",[114] che soli possono concedere una lettura comprensibile del mondo.

E, di fronte all'inevitabile, rifiutare è patetico, ma sorvegliare è necessario, se non altro per capire, oltre a ciò che noi possiamo fare con la rete, ciò che la rete, ormai divenuta "mondo", ha fatto, fa e farà di noi ancor prima che noi possiamo fare qualcosa grazie a lei.

In questo strano gioco dove, come allude il sottotitolo del libro di Furio Colombo, *Memoria accidentale del futuro*,[115] la *memoria*, per la prima volta nella storia dell'umanità, ha a che fare non con il passato ma

[113] G. Anders, *Die Antiquiertheit des Menschen*, Band I: *Über die Seele im Zeitalter der zweiten industriellen Revolution* (1956); tr. it. *L'uomo è antiquato*, Libro I: *Considerazioni sull'anima nell'epoca della seconda rivoluzione industriale*, Bollati Boringhieri, Torino 2003, p. 38.

[114] Ivi, p. 39.

[115] F. Colombo, *Confucio nel computer. Memoria accidentale del futuro*, Rizzoli, Milano 1995.

con il *futuro*, non dobbiamo, come sempre abbiamo fatto, dividerci tra fautori e denigratori delle nuove tecnologie, ma tutti insieme divenire attenti osservatori, almeno per evitare che la storia, che noi uomini abbiamo inventato, d'ora innanzi accada a nostra insaputa. L'ipotesi non è peregrina, dal momento che, come osserva ancora Anders: "Cambiare il mondo non basta. Lo facciamo comunque. E, in larga misura, questo cambiamento avviene persino senza la nostra collaborazione. Nostro compito è anche di interpretarlo. Affinché il mondo non continui a cambiare senza di noi. E, alla fine, non si cambi in un mondo senza di noi".[116]

[116] G. Anders, *L'uomo è antiquato*, Libro II: *Sulla distruzione della vita nell'epoca della terza rivoluzione industriale*, cit., p. 1.

21. La rete ci codifica

Quando il mondo reale non ha per noi più alcuna consistenza, perché quello che si frequenta è solo il mondo in rete, è ovvio che se si spegne il computer o il cellulare si prova un vuoto terribile, per cui occorre portare questi "mezzi di comunicazione" sempre con sé, ovunque si vada, quasi fossero un salvavita. Ci veniamo così a trovare in una condizione analoga a quella descritta da Anders in quel "racconto per bambini" dove si narra questa storia:

"Il re non vedeva di buon occhio che suo figlio, abbandonando le strade controllate, si aggirasse per le campagne per formarsi un giudizio sul mondo; perciò gli regalò carrozza e cavalli:
'Ora non hai più bisogno di andare a piedi' furono le sue parole.
'Ora non ti è più consentito di farlo' era il loro significato.
'Ora non puoi più farlo' fu il loro effetto".[117]

Che c'entra questa storia? C'entra. Perché i mezzi di comunicazione, se ci mettono in contatto non con il *mondo* ma con la sua *rappresentazione*, se ci conse-

[117] G. Anders, *L'uomo è antiquato*, Libro I: *Considerazioni sull'anima nell'epoca della seconda rivoluzione industriale*, cit., p. 121.

gnano una presenza senza respiro spazio-temporale in quanto rattrappita nella simultaneità e nella puntualità dell'istante, se modificano il nostro modo di fare esperienza, avvicinandoci il lontano e allontanandoci il vicino, se ci familiarizzano l'estraneo e ci forniscono i codici virtuali per l'interpretazione del mondo reale, allora questi mezzi di comunicazione ci *codificano* e producono delle modificazioni nell'uomo indipendentemente dall'uso che ne facciamo.

Per questo neghiamo che i mezzi di comunicazione siano soltanto dei "mezzi". Se radio, televisione, computer, cellulare, smartphone, tablet, PlayStation, Xbox determinano un nuovo rapporto fra noi e i nostri simili, fra noi e le cose, fra le cose e noi, allora i mezzi di comunicazione ci plasmano, qualsiasi sia lo scopo per cui li impieghiamo, e ancor prima che assegniamo loro uno scopo.

Dico questo soprattutto in riferimento ai nativi digitali, che condividono le loro emozioni non solo di gioia, entusiasmo, eccitazione, ma anche di ansia, rabbia, noia, solitudine, attraverso i social network, che diventano il loro luogo di incontro che sostituisce gli incontri reali.

E questo sia per giocare con i videogame, sia per deridere o minacciare i loro compagni come nel cyberbullismo, sia per esibire il proprio corpo attraverso foto e filmati nelle condotte sexting, allo scopo di garantire a se stessi un minimo di gratificazione narcisistica, fino a quegli scenari tragici che sono tipici degli hikikomori, ovvero quei ragazzi che si ritirano dal mondo reale in maniera assoluta, senza mai uscire dalle loro camerette, in contatto solo con il mondo virtuale da cui traggono un minimo di conforto per anestetizzare la loro angoscia, o come quei ragazzi che, cadendo vittima del bisogno adolescenziale di mettere alla prova la propria forza e il proprio coraggio, giocano con TikTok a quelle gare in cui, insieme agli utenti della piattaforma condivisa, sfidano la morte.

22.
La rete modifica il nostro modo di pensare e di sentire

1. *Come la rete modifica il nostro modo di pensare.* Le macchine tecnologiche, anche se ideate dagli uomini, ormai contengono un'oggettivazione dell'intelligenza umana decisamente superiore alla competenza dei singoli individui. La memoria di un computer è notevolmente superiore alla nostra. E anche se si tratta di una memoria considerata "stupida", solo per il fatto di frequentarla modifica il nostro modo di pensare, traducendolo da "problematico", come sempre è stato, in "binario", secondo lo schema 0/1, che ci rende idonei a dire solo "sì" o "no", al massimo "non so".

Non è un caso che il pensiero umano si sia evoluto proprio quando ha superato questo tipo di impostazione. Il pensiero primitivo, infatti, era fondato sui binomi: terra e cielo, giorno e notte, luce e tenebre. Due erano i parametri all'inizio della nostra storia. Poi abbiamo cominciato a pensare in modo problematico e complesso. Oggi questo tipo di pensiero implode nuovamente in una logica binaria, che ritroviamo nelle trasmissioni a quiz che fanno da traino ai telegiornali, negli esami di maturità e persino nelle prove di ammissione all'università.

Per effetto di questa logica binaria non capiamo più che cosa è bello, che cosa è buono, che cosa è virtuoso, che cosa è giusto, che cosa è sacro, ma comprendiamo unicamente che cosa è utile, perché solo l'utile (economico e tecnico) rientra nell'esattezza del pensiero ridotto a calcolo, *Denken als rechnen* come vuole l'espressione di Heidegger, che finisce con l'essere l'unico pensiero di cui disponiamo. Per questo, scrive Heidegger: "Ciò che è veramente inquietante non è che il mondo si trasformi in un completo dominio della tecnica. Di gran lunga più inquietante è che l'uomo non è affatto preparato a questo radicale mutamento del mondo. Di gran lunga più inquietante è che non siamo ancora capaci di raggiungere, attraverso un pensiero meditante (*besinnlich Denken*), un confronto adeguato con ciò che sta realmente emergendo nella nostra epoca".[118]

2. *Come la rete modifica il nostro modo di sentire.* Le nostre emozioni e i nostri sentimenti rispondono al mondo circostante (*Um-welt*), che è poi quello dove siamo nati, dove siamo cresciuti, dove coltiviamo le nostre frequentazioni. Ma la rete ci mette in contatto con i problemi dell'intero mondo (*Welt*). E allora come possiamo farvi fronte? Se muore un mio congiunto piango, se muore il mio vicino di casa faccio le condoglianze alla famiglia, se mi dicono che ogni secondo nel mondo muoiono di fame otto bambini, mi dispiace, ma per ciascuno di noi questa informazione finisce con l'essere solo una statistica. Lo abbiamo constatato recentemente anche in occasione della pandemia quando, non so con quanta partecipazione, ascoltavamo alla televisione il numero giornaliero dei morti. Non reagiamo più, perché i media ci offrono

[118] M. Heidegger, *Gelassenheit* (1959); tr. it. *L'abbandono*, il melangolo, Genova 1983, p. 36.

uno scenario di accadimenti che oltrepassa la nostra capacità di percezione emotiva. "Il troppo grande ci lascia indifferenti," scrive Anders.[119] E allora, per non toccare con mano la nostra impotenza a modificare il corso delle cose, rimuoviamo l'informazione. Neppure emotivamente, quindi, siamo all'altezza dell'evento "tecnica".

Ancora una volta tocchiamo con mano che la tecnica non è più un *mezzo* a disposizione dell'uomo, ma è il *mondo*, abitando il quale anche l'uomo subisce una modificazione, per cui la tecnica può segnare quel punto assolutamente nuovo nella storia, e forse irreversibile, dove, come ci avverte Anders, la domanda non è più "che cosa possiamo fare noi con la tecnica", ma "che cosa la tecnica può fare di noi".

[119] G. Anders, *Noi figli di Eichmann*, cit., p. 39.

23.
Le emozioni in rete

I nativi digitali, per i quali la piazza non è più quella reale ma quella virtuale dei social, all'esplicitazione verbale delle proprie emozioni, all'analisi dell'esperienza e alla sua descrizione prediligono l'esperienza vissuta perché le emozioni è meglio provarle, viverle, rievocarle e non raccontarle analiticamente, tradurle in strutture discorsive come facevano i grandi romanzieri prima dell'era digitale. Questo è dovuto al fatto che per i nativi digitali la realtà vera e autentica non si articola in proposizioni verbali, ma in emozioni totali, come può offrirle ad esempio la musica.

Per effetto dell'isolamento indotto dal rapporto del singolo con il suo computer, i nativi digitali prima sono ricorsi alle *emoticon*, che sono una sequenza di caratteri che riproducono stilizzate le emozioni, quindi agli *smiley*, che sono quelle faccine che esprimono stati d'animo e vissuti interiori. E così dalla scrittura, che finora è stata il principale mezzo di comunicazione, sono passati agli *emoji*, che a me paiono la forma più chiara di regressione alle prime fasi della storia umana, quando la comunicazione avveniva attraverso le pitture e le sculture rupestri, se è vero che gli *emoji* sono a disposizione anche di bambini che ancora non sanno scrivere ma che, con faccine e disegnini di animali domestici o feroci, possono esprimere le loro emozioni.

L'uso degli *emoji* non cambia quando si cresce. Una faccia rappresenta la tristezza, un'altra la gioia, un'altra la rabbia, un'altra ancora la noia o l'indifferenza, in una sequenza compulsiva di esteriorizzazione dei propri stati emotivi. E quando le faccine non sembrano sufficientemente espressive, si ricorre al messaggio vocale o alla propria immagine su Instagram o su WhatsApp perché ormai i nativi digitali, oltre che agli altri, sembra fatichino a descrivere le loro emozioni e i loro sentimenti persino a se stessi, pur avendo un bisogno enorme di esprimerli e di comunicarli per poterli in qualche modo scaricare così da sgravare il loro cuore.

Ma gli inconvenienti più pesanti che si accompagnano a questo radicale mutamento della comunicazione sono la marginalizzazione della realtà "fisica" in favore di quella "virtuale" e la riduzione drastica dei processi di socializzazione, con tutte le conseguenze psicologiche che questi inconvenienti comportano, per effetto dell'isolamento indotto dal rapporto del singolo individuo con il suo computer.

1. *La de-realizzazione*. Per quanto concerne il primo inconveniente non c'è dubbio che la percezione della "realtà", la capacità di muoversi in essa con abilità e destrezza, la consapevolezza delle difficoltà che essa pone rispetto alle facilitazioni del virtuale sono le prime vittime della frequentazione assidua del mondo digitale, caratterizzato com'è dalla soppressione del tempo e dello spazio che rischia di cancellare gli aspetti più preziosi della realtà "fisica" in favore di quella "virtuale", in quell'età dove è assolutamente necessario acquisire la differenza che corre tra la realtà e il sogno, l'immaginazione, il desiderio.

Non facilitare questo passaggio, che già Freud indicava come il passaggio dal principio di piacere al principio di realtà,[120] significa ritardare l'adolescenza fino all'età matura, per poi trovarsi disadattati quando questa arriva senza che nulla si sia fatto per impratichirsi.

Come scrive opportunamente Raffaele Simone nella sua *Postfazione* al libro di Clifford Stoll: "Possiamo non accorgerci che la diffusione della conoscenza mediata dall'informatica è la più formidabile barriera che si sia mai presentata *nella storia* verso il contatto con la realtà? Con un software opportuno posso visitare Roma senza averci mai messo piede, navigare sotto l'oceano senza bagnarmi e perfino fingere un gioco violento senza neppure graffiarmi. È reale questo? O è adatto piuttosto a una situazione di emergenza e di penuria? A me pare che le tecnologie cognitive informatizzate siano una drastica forma di de-realizzazione, una via per sostituire il 'non vero' al 'vero', il 'non reale' (= il virtuale) al 'reale', per *simulare* delle cose che non si possono o non si vogliono *fare*. Il nostro fare si ridurrà solo a una seduta in cui si smanetta su una tastiera e si occhieggia un monitor? Penso a questa eventualità con orrore, ma la vedo minacciosamente in marcia verso di noi".[121]

2. *La de-socializzazione*. Ai processi di de-realizzazione connessi alla frequentazione assidua del mondo digitale si aggiungono i processi di de-socializzazione, dovuta a quella solitudine di massa tipica di chi vive, opera e comunica unicamente con i canali della rete. Infatti solo una persona alla volta può interagire con un computer, il che comporta meno relazioni con gli amici, meno condivisione della propria vita con altri, declino del coinvolgimento sociale.

[120] S. Freud, *Al di là del principio di piacere*, in *Opere*, cit., vol. IX.
[121] R. Simone, *Postfazione* a C. Stoll, *Confessioni di un eretico high-tech*, Garzanti, Milano 2001, p. 180.

È vero che con internet posso farmi amici in America o in Australia, ma che grado di profondità hanno queste amicizie? Come mi addestrano a incontrare gli altri faccia a faccia avendo qualcosa da dire? Quanto tempo sottraggono alla nostra vita reale e ai rapporti che potremmo avere con chi ci circonda? Con quali danni sostituiremo la comunità reale del vicino di casa, del compagno di scuola, dell'amico del bar con la comunità virtuale delle voci senza volto con cui pensiamo di comunicare via e-mail o con i messaggi vocali o quelli telegrafici e inespressivi degli sms o di WhatsApp?

Che ne è a questo punto della nostra competenza sociale, e quali sono le conseguenze in termini di solitudine, di depressione, di timidezza, per essere ormai divenuti incapaci di quel faccia a faccia dove, oltre a sentire quel che dice l'altro, si percepiscono i suoi moti emozionali, la qualità del suo sentimento, e in generale tutto quel linguaggio che non passa attraverso la parola ma attraverso il corpo, e che è indispensabile per la formazione di un'identità la quale, al pari della forza del carattere, della fiducia, della determinazione, della perseveranza non si scarica da un sito web?

Ma se la realtà scompare dietro il computer, se la socializzazione finisce con l'impoverirsi, pensiamo davvero di formare uomini capaci di gestire la complessità che caratterizza le società occidentali, informatizzando la scuola e inondandola di computer come è previsto dai programmi di digitalizzazione?

Parte quinta
La digitalizzazione della scuola e l'educazione delle emozioni e dei sentimenti

"I computer non mi spaventano, in fin dei conti li ho programmati sin dalla metà degli anni sessanta. [...] Non mi importa che il mondo del business sperperi fortune in mirabolanti attrezzature dalla dubbia utilità, ma divento furioso quando vedo le nostre scuole lanciarsi volontariamente nell'ondata di piena della tecnologia. Come pecore, folle di educatori si mettono in coda per poter riempire di cavi le proprie scuole. Nel frattempo, gli insegnanti di lettere devono sopportare studenti semianalfabeti che non sono in grado di scrivere due righe sensate. [...] Un computer non può sostituire un buon insegnante. Cinquanta minuti di lezione non possono venire liofilizzati in quindici minuti multimediali. E se i computer andassero a sostituire i cattivi insegnanti? Ma no, basta licenziarli e assumerne di competenti."

C. Stoll, *Confessioni di un eretico high-tech* (1999)

24.
Dall'*homo sapiens* all'*homo videns*

La digitalizzazione della scuola confligge con l'educazione delle emozioni e dei sentimenti?

Io penso di sì. Non solo per i processi di de-realizzazione e di de-socializzazione appena descritti in cui incorre chi vive nel mondo digitale, ma soprattutto per *la regressione mentale* che il digitale comporta e *la mancata formazione di un mondo emotivo e sentimentale* che non può avvenire sui canali digitali.

Nel tragitto culturale percorso dall'umanità possiamo distinguere tre fasi.

Una *prima fase* in cui, nella preistoria, i nostri antenati trovavano, attraverso le sculture e le pitture rupestri, il modo di esprimere i loro pensieri, le loro emozioni, la loro visione del mondo in un modo che ai nostri occhi appare generico, vago, globale, olistico.

Con la comparsa della scrittura si aprì una *seconda fase*, caratterizzata dall'abbandono della visione del mondo per immagini che fu sostituita con la capacità di tradurre in significati una sequenza lineare di simboli visivi. Se, ad esempio, leggo la parola "cane", la forma grafica della parola e quella fonica non hanno niente a che fare con il cane, e quindi la visione dei codici alfabetici comporta un esercizio della mente che la visione per immagini non richiede. Da allora il nostro modo di pensare ha subìto una trasformazione radicale: da *olistico* e *globale* è divenuto *analitico, strutturato, sequenziale,* e ha garantito, con questa evoluzione del linguaggio, una diffusione della cultura inimmaginabile con gli strumenti precedenti.

Oggi i nativi digitali sono entrati in una *terza fase,* caratterizzata dal fatto che le cose che i giovani conoscono, dalle più semplici alle più complesse, non le possiedono per averle lette da qualche parte, ma per averle semplicemente viste in televisione, al cinema, sullo schermo di un computer, oppure sentite dalla viva voce di qualcuno, dalla radio o da un paio di cuffie inserite nelle orecchie.

"Non ho letto il libro, ma ho visto il film": così si giustificano i nativi digitali che tendenzialmente non leggono. Ma quali segni di mutamento profondo nell'uso della nostra mente nasconde questa semplice frasetta?

Naturalmente *guardare* è più facile che *leggere,* per cui, come opportunamente notava Giovanni Sartori,[122] l'*homo sapiens,* capace di decodificare segni ed elaborare concetti astratti, finirà con l'essere soppiantato dall'*homo videns,* che non è portatore di un pensiero, ma fruitore di immagini, con conseguente impoverimento delle capacità di comprensione, ragionamento, giudizio critico.

L'*intelligenza sequenziale,* che è quella che usiamo per leggere, necessita di una successione rigorosa e rigida che articola e analizza i codici grafici disposti in linea. Questo tipo di intelligenza, sulla quale poggia quasi tutto il patrimonio di conoscenze dell'uomo occidentale e che fino a qualche anno fa sembrava un progresso acquisito e definitivo, oggi sembra entrare in crisi a causa del ritorno dell'*intelligenza si-*

[122] G. Sartori, *Homo videns. Televisione e post-pensiero,* Laterza, Roma-Bari 1998.

multanea, più consona all'immagine che all'alfabeto. Simultanea è l'intelligenza che usiamo ad esempio quando guardiamo un quadro, dove è impossibile dire che cosa vada guardato prima e cosa dopo.

Radio, telefono, audiolibri hanno riportato al primato l'udito rispetto alla vista, mentre il computer ha ricondotto la vista, dalla decodificazione dei segni grafici, alla semplice percezione delle immagini che si susseguono sullo schermo. L'inevitabile conseguenza è la modificazione dell'intelligenza che, da una forma evoluta, regredisce a una forma più elementare.

Tra i mutamenti più significativi di questa regressione Raffaele Simone[123] segnala quello del *ritmo mentale*, che nella lettura è auto-trainato mentre nella visione è etero-trainato dall'emittente, per cui chi guarda è costretto a seguire il ritmo imposto dallo spettacolo. Ciò comporta una *riduzione della correggibilità*, con la conseguenza che chi guarda, a differenza di chi legge, non può fermarsi per verificare se ha ben capito quel che ha visto.

La concentrazione, il silenzio, la solitudine sono essenziali per chi legge, mentre si può guardare collettivamente, convivialmente e addirittura facendo altre cose. Condizioni, queste, che non favoriscono per nulla la riflessione e l'approfondimento. Inoltre, a differenza della lettura, il carattere iconico della visione coinvolge immediatamente l'emozione, che però, nel momento in cui ci cattura, non ci dà il tempo per un'adeguata elaborazione. La *fatica di leggere* non può competere con la *facilità di guardare*, e allora, rispetto al libro, i mezzi visivi appaiono come il medium più "amichevole" perché è quello che "dà meno da fare".

Oggi la scuola deve misurarsi con due problemi assolutamente nuovi rispetto alla sua tradizione: il primo è l'aver a che fare sempre meno con l'*homo sa-*

[123] R. Simone, *Persi nella rete*, Garzanti, Milano 2012.

piens e sempre più con l'*homo videns*, la cui mente finisce con l'essere diversamente conformata; il secondo è che a frequentare la scuola è un universo giovanile che fatica enormemente di più rispetto al passato a seguire il carattere sequenziale dell'intelligenza, a cui la scuola affida quasi esclusivamente la trasmissione del suo sapere. E per i passaggi epocali non ci sono ricette pronte, ma sfide di pensiero e di paziente sperimentazione.

25.
La digitalizzazione della scuola

Non ho nulla contro la tecnologia, i computer non mi spaventano, ma mi preoccupa quel programma che prevede un computer per ogni studente, come se bastasse introdurre nuove tecnologie per risolvere i problemi drammatici che oggi affliggono la nostra scuola.

Questa mia preoccupazione è condivisa anche da Clifford Stoll, uno dei pionieri di internet, che dal 1975 ha aiutato la rete a diventare un fenomeno planetario da quell'oscuro progetto di ricerca che era. Dopo trent'anni di completa dedizione al progetto, Stoll ne è diventato uno dei commentatori più critici, l'"avvocato del diavolo" come lo chiama Bill Gates.

La sua tesi è che l'educazione è una cosa assai diversa e molto più seria dell'alfabetizzazione informatica, e che la scuola e, quindi, il futuro della società sono troppo importanti per essere affidati ai fanatici delle neotecnologie e ai fabbricanti di computer e di software.

Quando si vede il mondo dell'istruzione lanciarsi entusiasticamente nella digitalizzazione della scuola, quando i ministri che si succedono alla Pubblica istruzione, i dirigenti scolastici e i professori che vogliono essere al passo con i tempi si danno da fare per riempire di cavi le nostre scuole, il minimo che si possa chiedere è un momento di riflessione e l'assunzione di un atteggiamento critico che sappia dare una qualche risposta alle domande difficilmente eludibili che Stoll pone in questa sequenza: "Che cosa si perde quando si adotta una nuova tecnologia? Chi viene emarginato? Quali preziosi aspetti della realtà rischiano di venire calpestati? [...] Che differenza c'è tra l'avere accesso all'informazione e possedere il buon senso e la saggezza necessari per interpretarla? Mancando loro senso critico, a cui l'informatizzazione non prepara, i ragazzi non rischiano di confondere la forma con il contenuto, la sensazione con la sensibilità, la massa dei dati disponibili con i pensieri di qualità? [...] Un computer non può sostituire un buon insegnante. Cinquanta minuti di lezione non possono venire liofilizzati in quindici minuti multimediali. [...] E allora dovremmo come minimo chiederci: quali problemi vengono risolti introducendo internet in ogni scuola? E quali problemi possono crearsi dedicando sempre più il nostro tempo a strumenti elettronici?".[124]

A partire da queste domande Stoll traccia una linea di demarcazione assai netta. Compito della scuola non è quello di fornire dati e sempre più dati, né tanto meno quello di fornire risposte senza l'indicazione dei processi attraverso i quali a quelle risposte si giunge. Compito della scuola è fornire metodi di ricerca e capacità di giudizio, a partire dai quali i dati e le risposte sono facilmente ottenibili. Ma già oggi, osserva Stoll: "Grazie all'elettronica digitale, gli studenti sfornano risposte senza elaborare concetti: la soluzione di problemi diventa la pressione di tasti. Non è necessario capire come formulare quantità astratte, si va direttamente dai numeri alle risposte. Le calco-

[124] C. Stoll, *High-Tech Heretic* (1999); tr. it. *Confessioni di un eretico high-tech*, cit., pp. 6-8.

latrici sfornano risposte senza richiedere il minimo pensiero. Di fronte a un problema matematico gli studenti ovviamente scelgono l'elettronica piuttosto che l'esperienza. Lo strumento, in un primo tempo adottato per rafforzare la comprensione della matematica, è diventato la stampella che causa l'analfabetismo numerico. [...] A questo punto non può sorprendere che gli studenti svezzati dalla calcolatrice non sappiano fare a mente né una moltiplicazione né una divisione. Nel loro sistema cognitivo l'aritmetica è pressoché assente. Risolvono i problemi matematici con una calcolatrice. Pigiano sui tasti, guardano i risultati e accettano ciò che la macchina dice loro".[125]

Un tempo i ragazzi imparavano i fondamenti dell'aritmetica a partire dalla prima elementare. I numeri e il calcolo servivano per fare la spesa, per cambiare una banconota, per valutare le entrate e le uscite allo scopo di non spendere più di quanto si guadagnava. Oggi queste cose non sono scomparse, ma la nostra vita, rispetto a una volta, richiede molti più numeri e calcoli per pagare le imposte, i pedaggi autostradali, i mutui ipotecari. In poche parole, come nei suoi scritti va ripetendo Piergiorgio Odifreddi,[126] la vita attuale richiede più numeri e più calcoli di un tempo, ma abbiamo perso la consuetudine di trattarli perché li abbiamo affidati alle macchine digitali. Consegnandoci a quelle che Stoll chiama "protesi tecnologiche", siamo diventati meno autosufficienti.

Lo stesso vale per la scrittura a mano: calligrafia e grammatica non vengono considerate degne di insegnamento, vengono messe da parte a favore del *word processing*. Risultato: pochissimi studenti universitari sanno scrivere in modo chiaro, con periodi che stiano

[125] Ivi, p. 66.

[126] P. Odifreddi, *Idee per diventare matematico*, Zanichelli, Bologna 2005.

in piedi e quindi in grado di rendere la consequenzialità dell'argomentazione, posto che questa ci sia.

Sarà perché hanno imparato dal computer a ragionare con il codice binario 0/1 che i giovani di oggi sanno dire solo "sì" e "no", oppure, invitati a esprimere il loro parere su questioni importanti, senza alcuno sforzo di articolazione o problematizzazione, si limitano a dichiararsi "favorevoli" o "contrari", senza zone intermedie, senza perplessità, senza scorgere, al di là delle risposte dicotomiche a cui il codice binario del computer allena, scenari più complessi, paesaggi più articolati che, per essere attraversati e compresi, richiedono vie più intrecciate di quelle offerte dalle autostrade della rete, che sembrano costruite apposta perché gli utenti vedano solo ciò che altri hanno deciso che debbano vedere. E questo non in ordine ai contenuti, che vengono offerti in gran quantità, ma in ordine alla capacità di discernere, quindi di giudicare e di decidere, a cui una scuola, inondata di computer, difficilmente sa allenare.

Che sia questo il nuovo modo con cui si promuove la gestione delle masse, dando a ciascuno l'illusione della libertà e creando di fatto individui già singolarmente massificati, perché a tutti, sia pure in modo individuato, è stato fornito lo stesso mondo da consumare, già interpretato e già codificato nel suo significato, senza che l'individuo possa disporre di un giudizio personale, perché la scuola informatizzata non gli ha dato gli strumenti per essere in grado di formarsene uno?

Queste domande non attendono una risposta, che neppure un computer con la sua capacità di calcolo e di simulazione potrebbe dare. Queste domande vogliono smorzare quell'entusiasmo senza riserve che accompagna l'informatizzazione delle nostre scuole e aprire uno spazio di riflessione che non sia regolato dal codice binario, perché per pensare, per ragionare, ma anche solo per parlare occorrono tutte le lettere dell'alfabeto.

Con ciò non voglio censurare la rete che ha creato opportunità che fino a ieri erano inedite per stabilire contatti e creare relazioni, ma avvertire che la rete può allontanarci dalle nostre emozioni, sostituendole con quelle pseudo-emozioni che somigliano alle allucinazioni tipiche di chi abbandona il mondo reale in favore di un mondo che reale non è. E per giunta senza che noi ce ne accorgiamo e, quindi, a nostra insaputa.

26.
L'istruzione e l'educazione

La scuola italiana *istruisce*, ma non *educa*, per ragioni che sono in parte oggettive e in parte soggettive. Esaminiamole attentamente. La scuola svolge programmi ministeriali, e molti insegnanti pensano che l'educazione altro non sia che un derivato necessario dell'istruzione. Ma le cose non stanno proprio così. È semmai l'istruzione un evento possibile a educazione avvenuta.

L'*istruzione* è una trasmissione di contenuti culturali e scientifici da chi li possiede (gli insegnanti) a chi non li possiede (gli studenti); l'*educazione* prevede che si individui la specificità dell'intelligenza dei singoli studenti, e ci si prenda cura della loro condizione emotiva. Infatti, tutti sanno che non si dà apprendimento senza gratificazione emotiva, e l'incuria dell'emotività, o la sua cura a livelli così sbrigativi da essere controproducente, è il massimo rischio che oggi uno studente, andando a scuola, corre. E non è un rischio da poco perché, se è vero che la scuola è l'esperienza più alta in cui si offrono i modelli di secoli di cultura, se questi modelli restano contenuti della mente senza diventare spunti formativi del cuore, il cuore comincerà a vagare senza orizzonte in quel nulla inquieto e depresso che neppure il “baccano” della musica giovanile riesce a mascherare.

Quando parlo di “cuore” parlo di ciò che nell’età evolutiva apre alla vita, con quella forza disordinata e propulsiva senza la quale difficilmente gli adolescenti troverebbero il coraggio di proseguire l’impresa. Il sapere trasmesso a scuola non deve comprimere questa forza, bensì porsi al suo servizio, per consentirle un’espressione più articolata in termini di scenari, progetti, investimenti, interessi. Alla fine resta la vita, e il sapere come strumento per meglio esprimerla.

Là dove invece il sapere diventa lo scopo, e il profitto il metro per misurarlo, qualunque siano le condizioni d’esistenza in cui una vita è riuscita a esprimersi, la scuola fallisce perché livella, quando non mortifica, soggettività nascenti, in nome di un presunto sapere oggettivo che serve a dare identità più agli insegnanti che agli studenti in affannosa ricerca.

E qui non serve invocare la “buona volontà” a cui, come a una formula magica, ricorrono gli insegnanti nei loro sbiaditi colloqui con i genitori, perché tutti sanno che la volontà non esiste al di fuori dell’interesse, che l’interesse non esiste separato da un legame emotivo, che il legame emotivo non si costruisce quando il rapporto fra insegnante e studente è un rapporto di reciproca diffidenza, se non di assoluta incomprensione, che scatta non appena la psicologia dello studente esce dagli schemi della psicologia del professore. Per questo basta pochissimo e, se si evitano abbandoni scolastici e al limite gesti estremi, certo non si evita quella demotivazione insidiosa che spegne in giovani vite la propria autostima, il rispetto di sé, fino alla crisi della propria identità.

Sappiamo tutti che l’*identità* non la si possiede per il solo fatto di essere al mondo, o per il fatto che ogni volta che parliamo diciamo “Io”. L’identità si costruisce a partire dal *riconoscimento* che riceviamo dagli altri. Per questo non esito a dire che l’identità è un dono sociale. Se il riconoscimento manca, come manca sempre a chi va male a scuola, l'identità, che è un bisogno assoluto per ciascuno di noi, si costruisce altrove, in tutti quei luoghi, scuola esclusa, dove è possibile raccattare riconoscimenti. Se poi fuori dalla scuola resta solo la strada, sarà la strada a fornire quei riconoscimenti ai livelli in cui una strada li può concedere. Sesso e droga cominciano ad apparire come forme esasperate del bisogno di riconoscimento, perché forme più adeguate non sono state offerte.

A questo punto appare del tutto evidente che non si può istruire se prima non si è provveduto alla costruzione dell'identità, se non ci si è inseriti nei meandri del desiderio, se non si sono fatti i conti con i problemi connessi alla frustrazione e alla rimozione che sono dinamiche abituali in ciascuno di noi.

L'adolescenza, infatti, ognuno c'è passato, è promossa dal *desiderio* che, proprio in quel periodo di vita, ha la sua massima espressione. Adolescenze non desideranti annunciano esistenze mancate, ma il desiderio, ognuno lo sa, è contraddetto dalla *realtà* che non è costruita apposta per soddisfare desideri. Qui sono possibili due atteggiamenti: o la rimozione della realtà con creazione di un mondo sognante a essa alternativo, o la frustrazione che, reiterata, annulla l'identità.

Il processo di *rimozione*, molto complicato e pericoloso, purtroppo a molti insegnanti è noto solo come "distrazione": "Suo figlio è sempre distratto". Quasi bastasse un richiamo per fargli accettare la realtà che si oppone alla forza del suo desiderio, e fargli dimettere il sogno senza il quale il desiderio esploderebbe in modo incontrollato nella realtà, come ben descrive Aristotele nella sua *Poetica*. Va da sé che se la distrazione è una cosa seria, se il sogno diurno rivela l'incapacità di affrontare il reale, i sogni promossi dalle alternative offerte dalla strada non fanno fatica a essere accolti da chi, per riconoscimenti mancati, non è stato accettato e inserito nella realtà in cui si trova a vivere, al punto da doverne inventare una surrogata e sognante per poter continuare in qualche modo a esistere.

In questo scontro fra realtà e desiderio in cui si dibatte l'adolescenza, quando non scatta la rimozione della realtà può scattare la *frustrazione*, che è utilissima per crescere ma che, come tutte le medicine efficaci, va dosata. Un eccesso di frustrazione (voti troppo bassi distribuiti in nome dell'oggettività delle prove, senza il minimo sospetto che dietro queste prove ci sia qualcuno che ci prova e che si mette alla prova) sposta questa ricerca di riconoscimento senza il quale non si costruisce alcuna identità e quindi non si può vivere. Questo spostamento, questa di-versione è nota agli adolescenti e ai loro insegnanti come "divertimento": "Suo figlio pensa solo a divertirsi," dice l'insegnante che neppure sospetta che nel divertimento non c'è la gioia, ma il surrogato di una mancata felicità.

27.
La diversità e la specificità delle intelligenze

Quando si parla di una persona non si dovrebbe mai usare l'aggettivo "intelligente" perché la qualità che l'aggettivo vorrebbe designare non esiste. L'intelligenza, infatti, ha una *moltitudine di forme*, la maggior parte delle quali trova nelle nostre scuole, nei centri di diagnosi psicologica e nel giudizio della gente solo la sua mortificazione.

È noto, ad esempio, che i superdotati vanno male a scuola perché il modello d'intelligenza su cui si misurano i rendimenti scolastici è costruito sulla categoria della *flessibilità*, che nel caso dell'intelligenza equivale a *genericità*. Flessibile, e quindi generica, è quell'intelligenza che, versata in ogni direzione, non presenta una particolare inclinazione per nulla, e perciò è in grado di dispiegarsi a ventaglio, e il più delle volte in maniera superficiale, su tutto, perché nulla la inclina in modo decisivo.

L'*inclinazione* dell'intelligenza – che nessun insegnante verifica e nessuno psicologo misura perché, trattandosi di una *qualità*, sfugge agli strumenti di misurazione che possono operare solo con *quantità* – offre una modalità di comprensione del mondo a tal punto diversa da un'altra modalità di comprensione da far supporre che si tratti di due mondi completamente differenti.

I diversi – e tra i diversi ci sono anche i superdotati che vanno male a scuola, i cosiddetti non-intelligenti, quelli che a scuola "fanno fatica", quelli che non rispondono all'intelligenza logica che la scuola predilige – esprimono il più delle volte intelligenze poco *flessibili* perché molto *inclinate* e quindi dotate di una specificità spesso non apprezzata. E così si stroncano inclinazioni sull'altare della genericità, che non è il nozionismo contro il quale si sono fatte in anni passati inutili battaglie, ma la supposizione che l'intelligenza sia una dimensione *versatile* e *versata* per qualsiasi contenuto.

Howard Gardner ha dedicato molti dei suoi libri[127] a segnalare che ci sono *intelligenze multiple*, dalle forme così diverse fra loro che non è possibile unificarle né misurarle in modo uniforme. Trascurarle significa rendere difficoltosa agli studenti che le possiedono l'unica via d'accesso, quella da cui possono partire per l'acquisizione dell'intelligenza logica che è l'unica prevista dalla nostra istruzione scolastica. Ogni forma d'intelligenza, infatti, è percorsa dal "genio", che non è una prerogativa di Leonardo da Vinci, ma di tutte le menti che sempre sono inclinate in una certa direzione, a partire dalla quale scaturisce per ognuno la sua particolare ed esclusiva visione del mondo.

C'è un'*intelligenza logico-matematica* che non vede cose ma analogie e rapporti: "Il primo uomo," scrive Alfred North Whitehead, "che colse l'analogia esistente tra un gruppo di sette pesci e un gruppo di sette

[127] H. Gardner, *Frames of Mind. The Theory of Multiple Intelligences* (1973-1985); tr. it. *Formae mentis. Saggio sulla pluralità dell'intelligenza*, Feltrinelli, Milano 1987. Id., *Multiple Intelligences. The Theory in Practice* (1993); tr. it. *L'educazione delle intelligenze multiple. Dalla teoria alla prassi pedagogica*, Anabasi, Milano 1994. Id., *Creating Minds* (1993); tr. it. *Intelligenze creative*, Feltrinelli, Milano 1994.

giorni compì un notevole passo avanti nella storia del pensiero".[128] Per l'intelligenza logico-matematica le *cose* diventano *rapporti* e i numeri che li esprimono la "spiegazione" del mondo. A inaugurare questo tipo di intelligenza è stato Platone che per questo, narra la tradizione, sul frontespizio dell'Accademia da lui fondata aveva fatto scrivere: "Non si entra qui se non si è geometri".

C'è un'*intelligenza linguistica* che non è turbata dalle differenze antropologiche e dalle differenti visioni del mondo che le diverse lingue evidenziano e, senza questo carico antropologico e questa sensibilità per le differenti visioni del mondo, può trasporre con maggior agilità un termine da una lingua all'altra.

C'è poi un'*intelligenza musicale* che materializza la geometria nel suono. La musica non si dice, si ascolta, e l'orecchio diventa quel padiglione aperto al mondo per cogliere quell'"armonia invisibile" che – al dire di Eraclito – "val più dell'armonia visibile".[129] Ascoltate da un'intelligenza musicale, le parole guadagnano il loro senso nel suono, dove dominante non è più il loro significato, ma la voce, il suo tono, da cui si desume un senso nascosto del mondo che non si può dire, ma solo u-dire.

C'è un'*intelligenza spaziale* che dispiega un mondo che sfugge alle coordinate geometriche, per offrirsi alle *azioni* che disegnano quella spazialità visiva, sonora, emotiva, come è, ad esempio, il caso del navigante per il quale il mare non è uno spazio oggettivo, ma un campo percorso da linee di forza (le correnti) e articolato in settori (le rotte) che lo sollecitano a certi movimenti e lo sostengono quasi a sua insaputa. Se

[128] A.N. Whitehead, *Science and the Modern World* (1948); tr. it. *La scienza e il mondo moderno*, Bollati Boringhieri, Torino 1979, p. 38.

[129] Eraclito, *Frammento* B 54, in Diels-Kranz, *Die Fragmente der Vorsokratiker* (1966); tr. it. *I presocratici. Testimonianze e frammenti*, Laterza, Roma-Bari 1983.

nello sguardo il navigante è magicamente congiunto alla meta, è nella forza e nell'azione dei suoi gesti la possibilità di pervenirvi. Qui la sua intelligenza è tutta raccolta nella dialettica corporea tra l'ambiente e l'azione.

C'è poi un'*intelligenza corporea* che guarda il mondo non per scoprirlo, bensì per abitarlo. Abitare non è conoscere, è sentirsi a casa, ospitati da uno spazio che non ci ignora, tra cose che dicono il nostro vissuto, tra volti che non c'è bisogno di riconoscere perché nel loro sguardo ci sono le tracce dell'ultimo congedo. Abitare è sapere dove deporre l'abito, dove sedere alla mensa, dove incontrare l'altro, non su uno schermo, ma in un faccia a faccia che crea quella situazione descritta da Platone là dove dice: "Chi, con la parte migliore del suo occhio (la pupilla), guarda la parte migliore dell'occhio dell'altro, vede se stesso".[130]

C'è infine un'*intelligenza psicologica* per la quale il mondo è uno specchio di sé. Proiettando i propri vissuti, gli uomini hanno cominciato a catalogare la natura secondo i moti dell'anima. Ne è nato un mondo immaginario di cui i poeti e i mistici sono i gelosi custodi. A loro si deve la nobiltà delle nostre emozioni che ci consentono di conoscere gli abissi della nostra interiorità.

La scuola non trascuri queste diverse forme di intelligenza che, uniche, ci possono salvare da quel pensare in modo esclusivamente "funzionale" in cui oggi sembra abbiamo arrestato l'uso dell'intelligenza.

[130] Platone, *Alcibiade maggiore*, 133a.

28.
L'educazione delle emozioni e dei sentimenti

Sappiamo che, a differenza degli animali, gli uomini non hanno *istinti*, che sono risposte rigide a uno stimolo, ma solo *pulsioni* a meta indeterminata, per cui a una pulsione aggressiva possiamo assegnare una meta che si esprime nella violenza, così come possiamo assegnargliene una che si traduce in una seria presa di posizione. Allo stesso modo, a una pulsione erotica possiamo assegnare una meta sessuale, così come possiamo sublimarla e metter capo a una composizione poetica o a un'opera d'arte. La differenza sta nell'educazione delle pulsioni, da cui gli animali sono esonerati perché sono regolati dagli istinti, che non prevedono un ventaglio di scelte nel comportamento e nelle mete da raggiungere.[131]

La mancata educazione delle pulsioni confina i ragazzi, fin dalla tenera età, a esprimersi unicamente con i gesti, invece che con le parole e i ragionamenti. Ne sono un esempio i cosiddetti "bulli", coloro che compiono azioni riprovevoli senza la minima consapevolezza della gravità delle loro azioni. Come già ab-

[131] U. Galimberti, *Psiche e techne. L'uomo nell'età della tecnica*, cit., capitolo 18: "La carenza istintuale".

biamo ricordato, Kant dice che: "La differenza tra il bene e il male potremmo anche non definirla perché ciascuno la 'sente' naturalmente da sé".[132] Nel caso del bullo questo "sentire" è deficitario, perché chi ne soffre non ha mai incontrato momenti educativi che gli avrebbero consentito di avvertire quell'immediata risonanza emotiva che di solito accompagna i nostri comportamenti.

Alludo a quella risonanza emotiva (che abbiamo esposto nel capitolo 6) che fin da bambini provavamo quando la mamma ci raccontava le fiabe, anche truci, perché i bambini non vanno esonerati dalla conoscenza del male e neppure dal lutto, che capiranno nei limiti della loro età, ma non ne saranno sorpresi, senza sapere come reagire, quando la vita li metterà di fronte a queste manifestazioni.

Ascoltando quelle fiabe o accompagnati nella lettura dalle nostre mamme imparavamo, più per via emotiva che mentale, la differenza tra il bene e il male, il giusto e l'ingiusto, il buono e il cattivo, acquisendo in tal modo un regolatore emotivo che ci consentiva di "sentire" quando le nostre azioni erano buone o cattive, giuste o ingiuste. Senza un'educazione emotiva, oltre a non avere un'immediata consapevolezza della bontà o meno delle nostre azioni, si rimane a livello pulsionale, con una pericolosità sociale che la cronaca nera di ogni giorno non cessa di illustrarci.

Come si comporta la nostra scuola nei confronti dei "bulli", che sono poi quei ragazzi il cui sviluppo psichico si è arrestato a livello pulsionale? Li sospende dalla frequenza scolastica, togliendo loro l'unica opportunità che in quegli anni hanno per poter emanciparsi e passare dal livello *pulsionale* al livello *emotivo*. Dovrebbero invece essere più accuditi, meglio curati affinché possano acquisire la consapevolezza

[132] I. Kant, *Metafisica dei costumi*, cit., § 23: "Dottrina delle virtù".

delle loro azioni, in modo da sentirle risuonare dentro di loro come buone o cattive, come gravi o lievi.

Se le pulsioni sono naturali, se le emozioni sono in parte naturali e in parte orientate dalle differenti culture e dall'educazione, i sentimenti non li abbiamo per natura, ma per cultura. *I sentimenti si imparano.* E tutte le società, dalle più antiche a quelle di oggi, non si sono mai sottratte a questo compito.

Fin dall'origine dei tempi, infatti, le prime comunità, attraverso narrazioni, miti e riti, insegnavano la differenza tra il puro e l'impuro, il sacro e il profano con cui circoscrivere la sfera del bene e del male, creando schemi d'ordine capaci di orientare i membri della comunità nei propri comportamenti. All'impurità era connesso il contagio, con conseguente reazione di terrore e procedure di isolamento, da cui si usciva con particolari pratiche rituali, magiche e scarificali.

Gli antichi Greci avevano rappresentato nell'Olimpo, a guisa di modello e di orientamento, tutti i sentimenti, le passioni e le virtù umane. Zeus era il potere, Atena l'intelligenza, Afrodite la sessualità, Ares l'aggressività, Apollo la bellezza, Dioniso la follia. Oggi, per apprendere i sentimenti, non possiamo più ricorrere ai miti, però abbiamo quel grandioso repertorio costituito dalla letteratura che ci insegna che cos'è l'amore in tutte le sue declinazioni, che cos'è il dolore in tutte le sue manifestazioni, che cosa sono la gioia, la tristezza, l'entusiasmo, la noia, la tragedia, la speranza, l'illusione, la malinconia, l'esaltazione. Educati dalle pagine letterarie, disponiamo di mappe mentali che, in presenza del dolore, ad esempio, ci indicano, se non le vie d'uscita, le modalità per reggerlo. E questo è forse il senso di quella neppur troppo enigmatica espressione di Eschilo che dice: "Solo il sapere ha potenza sul dolore".[133]

[133] Eschilo, *Agamennone*, vv. 177-178.

Penso che fino ai diciotto anni tutte le scuole, dagli istituti tecnici ai licei classici e scientifici, sono scuole di *formazione*. Si tratta di formare l'uomo. Le competenze si acquisiscono all'università. Perché non è un uomo chi è competente ma non ha alle spalle una formazione che gli consenta di svolgere con retto giudizio e adeguata comprensione la professione che in seguito sceglierà.

Quindi niente scuola-lavoro, ma scuola a tempo pieno e, per allacciarci a quanto abbiamo detto, meno computer a scuola e più libri di arte, storia, scienze, matematica, filosofia, letteratura in tutti gli ordini scolastici. E visto che il mondo è ormai globalizzato, l'inglese fin dalla prima elementare, insieme alla filosofia, a cui già dall'infanzia ci si affaccia con le domande che i bambini si pongono.[134]

L'indirizzo "umanistico", che ha sempre caratterizzato la nostra scuola, non solo va mantenuto, ma nell'età della tecnica va addirittura incrementato e non sostituito con un indirizzo tecnico, perché solo l'indirizzo umanistico può portare lo studente alla "maturità", termine oggi sostituito, non a caso, con "esame di Stato", come se la maturità di uno studente non fosse più lo scopo ultimo della scuola.

[134] U. Galimberti, con I. Merlini, M.L. Petruccelli, *Perché? 100 storie di filosofi per ragazzi curiosi*, Feltrinelli, Milano 2019.

29.
Le condizioni oggettive e soggettive per una buona scuola

Come abbiamo detto, la scuola italiana istruisce ma non educa, per ragioni che sono in parte oggettive e in parte soggettive.

Le *ragioni oggettive* sono molto semplici. Finché le classi della nostra scuola saranno composte da venticinque o trenta ragazzi, l'educazione è impossibile per la semplice ragione che con questi numeri non si può in alcun modo individuare la qualità di intelligenza di ciascuno studente né tanto meno seguirlo nel suo percorso emotivo e sentimentale che, come abbiamo visto, è così importante non solo per l'apprendimento, ma soprattutto per la sua formazione.

Si poteva approfittare del distanziamento richiesto dalla recente pandemia per costruire scuole con classi di dodici o quindici studenti, onde poterli seguire a uno a uno, sia in ordine alla qualità dell'intelligenza di ciascuno sia al livello della sua maturazione emotivo-sentimentale, che sono le precondizioni perché possa attuarsi un vero e proprio processo educativo.

Dalle scuole secondarie superiori è bene tener lontano i genitori, che in genere sono interessati non tanto alla formazione dei figli, ma unicamente alla loro promozione. Quando questa non avviene, ricorrono al Tar e, per evitare ricorsi, dirigenti scolastici e insegnanti tendono a un eccesso di promozioni che azzerano la meritocrazia e demotivano gli studenti che studiano rispetto a quelli che non studiano.

In quell'età gli studenti devono vedersela da soli con i loro insegnanti, senza la protezione genitoriale che serve solo a prolungare la loro infanzia e ritardarne la crescita, l'emancipazione e l'assunzione di responsabilità. L'assenza dei genitori è un piccolo rito di iniziazione per diventare adulti, che potrebbe essere avviato sostituendo l'ora di ricevimento dei genitori con un'ora di ricevimento degli studenti, che così avrebbero la possibilità di confrontarsi direttamente con i loro insegnanti in un dialogo proficuo.

Le *ragioni soggettive* che non consentono alla nostra scuola di educare sono molto più complesse di quelle oggettive e riguardano la formazione degli insegnanti. Oggi si diventa insegnanti dopo aver superato un concorso abilitante all'insegnamento dove si accerta (quando ci si riesce) la preparazione culturale del candidato. A questo punto si entra nelle graduatorie, dove il punteggio è deciso anche da situazioni familiari e, dopo una sequenza indecente di supplenze e contratti a termine, si diventa di ruolo.

Di recente un dirigente scolastico, a cui stanno veramente a cuore i problemi della scuola, dopo aver constatato che attualmente un quarto degli insegnanti è costituito da professionisti con il doppio lavoro, un quarto da persone che non saprebbero cos'altro fare e la restante metà da insegnanti che svolgono onestamente il loro "dovere", senza infamia e senza lode, e che contano, come i militari, gli anni che li separano dalla pensione, ha proposto che chi vuole insegnare frequenti per tre anni (laurea triennale) la facoltà che desidera imparando tutti i fondamenti disciplinari, per poi accedere ai due anni di laurea magistrale per diventare insegnante della disciplina che ha scelto, con corsi di didattica, pedagogia, storia della scuola italiana, storia della disciplina, neurobiologia, psicologia dell'età evolutiva, metodologie e nuove tecnologie applicate alla didattica, laboratori ecc. A questo punto il laureato magistrale è abilitato all'insegnamento, e l'anno di prova deve essere davvero una prova di capacità.[135]

A me pare un'ottima impostazione per la preparazione e la formazione degli insegnanti, a cui attualmente, fra l'altro, manca qualsiasi nozione di psicologia dell'età evolutiva, pur avendo a che fare quotidianamente con ragazzi in età evolutiva. Ma forse non basta. Per imparare a comunicare meglio e ad attivare l'attenzione degli studenti, la formazione degli insegnanti dovrebbe prevedere anche la frequentazione di un corso di teatro perché, piaccia o non piaccia, la cattedra è un palcoscenico.

Ma soprattutto è necessario che chi aspira all'insegnamento sia sottoposto a un test di personalità che verifichi se il candidato possiede, oltre alla conoscenza della sua materia, anche un grado sufficiente di empatia, che non si apprende perché è una dote naturale. E chi non la possiede non può e non deve fare l'insegnante. I colloqui che sostiene chiunque cerchi un lavoro altro non sono che test di personalità, per vedere se il candidato è idoneo alla mansione richiesta. Perché esonerare gli insegnanti?

Ritengo inoltre che sia necessario abolire il ruolo, perché quando un insegnante non è all'altezza del suo compito lo sanno gli studenti, i colleghi, i genitori, i dirigenti scolastici, ma non si può sospenderlo dall'insegnamento perché è di ruolo. Quindi può demotivare gli studenti per tutti gli anni della sua carriera. È mai tollerabile una situazione del genere? Sì, se la scuola non è pensata per l'educazione dei giovani, ma fondamentalmente per trovare occupazione agli inse-

[135] G. Vespucci, *Lettera a "D – La Repubblica delle donne"*, 16 gennaio 2021.

gnanti, che sono senz'altro malpagati, ma lo sono per tutta la vita perché sono di ruolo.

Se è vero che la mente non si apre se non si è aperto il cuore, quanti sono gli insegnanti che aprono il cuore degli studenti? Quanti sanno comunicare, affascinare e suscitare l'interesse dei loro allievi? A me sembrano pochi. Anzi, sono convinto che uno studente è già fortunato se, di nove insegnanti che si alternano alla cattedra, ce ne sono uno o due che sono dei veri maestri. E gli altri? Prendono lo stesso stipendio perché sono di ruolo? E non mi si dica che con le materie scientifiche non si può affascinare e suscitare l'interesse degli studenti, perché ricordo che non molto tempo fa le cronache riportavano il caso di un professore di chimica che improvvisamente morì di infarto, e tutti i suoi studenti si tatuarono sul braccio H_2O.

Indice delle opere citate

Anders G., *Die Antiquiertheit des Menschen*, Band I: *Über die Seele im Zeitalter der zweiten industriellen Revolution* (1956); tr. it. *L'uomo è antiquato*, Libro I: *Considerazioni sull'anima nell'epoca della seconda rivoluzione industriale*, Bollati Boringhieri, Torino 2003.

–, *Die Antiquiertheit des Menschen*, Band II: *Über die Zerstörung des Lebens im Zeitalter der dritten industriellen Revolution* (1980); tr. it. *L'uomo è antiquato*, Libro II: *Sulla distruzione della vita nell'epoca della terza rivoluzione industriale*, Bollati Boringhieri, Torino 2003.

–, *Wir Eichmannsöhne* (1964); tr. it. *Noi figli di Eichmann*, Giuntina, Firenze 1995.

Angell J.R., *Psychology*, Holt, New York 1904.

Aristotele, *Categorie*, *Metafisica*, *Etica nicomachea*, *Retorica*, *Poetica*, *I sogni*, in *Opere*, Laterza, Roma-Bari 1973.

Arnold M.B., *Emotion and Personality*, Columbia University Press, New York 1960.

Ax A.F., *The Physiological Differentiation between Fear and Anger in Humans*, in "Psychosomatic Medicine", n. 15, 1953.

Borgna E., *L'arcipelago delle emozioni*, Feltrinelli, Milano 2001.

–, *Le intermittenze del cuore*, Feltrinelli, Milano 2003.

–, *Le emozioni ferite*, Feltrinelli, Milano 2009.

Callieri B., *Lo spazio vissuto* (1977), in "Psyche", nn. 3-4, 1989.

Cannon W.B., *The Wisdom of the Body* (1932); tr. it. *La saggezza del corpo*, Bompiani, Milano 1956.

Cicerone M.T., *De Divinatione*, Garzanti, Milano 2006.

Colombo F., *Confucio nel computer. Memoria accidentale del futuro*, Rizzoli, Milano 1995.

Damasio A.R., *The Feeling of What Happens. Body and Emotion in the Making of Consciousness* (1999); tr. it. *Emozione e coscienza*, Adelphi, Milano 2000.

Darwin Ch., *On the Origin of Species by Means of Natural Selection, or the Preservation of Favoured Races in the Struggle for Life* (1859); tr. it. *L'origine delle specie. Selezione naturale e lotta per l'esistenza*, Bollati Boringhieri, Torino 1967.

–, *The Expression of the Emotions in Man and Animals* (1872); tr. it. *L'espressione delle emozioni nell'uomo e negli animali*, Bollati Boringhieri, Torino 1982.

Descartes R., *Meditationes de prima philosophia* (1641); tr. it. *Meditazioni metafisiche sulla filosofia prima*, in *Opere filosofiche*, Laterza, Roma-Bari 1986, vol. II.

Dewey J., *The Theory of Emotion*, in "Psychological Review", 1895.

Di Gregorio L., *Psicopatologia del cellulare. Dipendenza e possesso del telefonino*, Franco Angeli, Milano 2003.

Dostoevskij F., *Idiót* (1869); tr. it. *L'idiota*, Feltrinelli, Milano 1998.

D'Urso V., *Otello e la mela. Psicologia della gelosia e dell'invidia*, La Nuova Italia Scientifica, Roma 1995.

Eraclito, *Frammenti*, in Diels-Kranz, *Die Fragmente der Vorsokratiker* (1966); tr. it. *I presocratici. Testimonianze e frammenti*, Laterza, Roma-Bari 1983.

Eschilo, *Agamennone*, in *Tragedie e Frammenti*, Utet, Torino 1987.

Euripide, *Baccanti*, in *Tragedie*, Utet, Torino 2001, vol. III.

Frankl V.E., *Theorie und Therapie der Neurosen* (1956); tr. it. *Teoria e terapia delle nevrosi*, Morcelliana, Brescia 1978.

Freud S., *Jenseits des Lustprinzips* (1920); tr. it. *Al di là del principio di piacere*, in *Opere* (1967-1993), Bollati Boringhieri, Torino, vol. IX.

–, *Über einige neurotische Mechanismen bei Eifersucht, Paranoia und Homosexualität* (1921); tr. it. *Alcuni meccanismi nevrotici nella gelosia, paranoia e omosessualità*, in *Opere*, cit., vol. IX.

Galimberti U., *Psiche e techne. L'uomo nell'età della tecnica*, Feltrinelli, Milano 1999.

–, con I. Merlini, M.L. Petruccelli, *Perché? 100 storie di filosofi per ragazzi curiosi*, Feltrinelli, Milano 2019.

Gardner H., *Frames of Mind. The Theory of Multiple Intelligences* (1973-1985); tr. it. *Formae mentis. Saggio sulla pluralità dell'intelligenza*, Feltrinelli, Milano 1987.

–, *Creating Minds* (1993); tr. it. *Intelligenze creative*, Feltrinelli, Milano 1994.

–, *Multiple Intelligences. The Theory in Practice* (1993); tr. it. *L'edu-*

cazione delle intelligenze multiple. Dalla teoria alla prassi pedagogica, Anabasi, Milano 1994.
Goffman E., *Interaction Ritual* (1967); tr. it. *Modelli di interazione*, il Mulino, Bologna 1971.
Goleman D., *Emotional Intelligence* (1995); tr. it. *Intelligenza emotiva*, Rizzoli, Milano 1996.
Harré R., *The Social Construction of Emotions* (1986); tr. it. *La costruzione sociale delle emozioni*, Giuffrè, Milano 1992.
Hartmann H., *Ich-Psychologie und Anpassungsproblem* (1939); tr. it. *Psicologia dell'Io e problema dell'adattamento*, Bollati Boringhieri, Torino 1966.
Heidegger M., *Wozu Dichter?* (1926), in *Holzwege* (1950); tr. it. *Perché i poeti?*, in *Sentieri interrotti*, La Nuova Italia, Firenze 1968.
–, *Sein und Zeit* (1927); tr. it. *Essere e tempo*, Utet, Torino 1978.
–, *Was ist Metaphysik?* (1929); tr. it. *Che cos'è metafisica?*, in *Segnavia*, Adelphi, Milano 1987.
–, *Gelassenheit* (1959); tr. it. *L'abbandono*, il melangolo, Genova 1983.
Herder J.G., *Vom Erkennen und Empfinden* (1778), in *Sämtliche Werke* (1877-1913), Suphan, Berlin, vol. VIII.
Hoffman M.L., *Empathy and Moral Development* (2000); tr. it. *Empatia e sviluppo morale*, il Mulino, Bologna 2008.
Husserl E., *Cartesianische Meditationen und Pariser Vorträge* (1931); tr. it. *Meditazioni cartesiane*, Bompiani, Milano 1960.
Illouz E., *Gefühle in Zeiten des Kapitalismus* (2004); tr. it. *Intimità fredde. Le emozioni nella società dei consumi*, Feltrinelli, Milano 2007.
Izard C.E., *Human Emotions*, Plenum Press, New York 1977.
James W. , *What is an Emotion?*, in "Mind", n. IX, 1884.
Janet P., *De l'angoisse à l'extase*, Alcan, Paris 1926.
Jaspers K., *Allgemeine Psychopathologie* (1913-1959); tr. it. *Psicopatologia generale*, Il Pensiero Scientifico, Roma 2000.
–, *Strindberg und Van Gogh* (1951); tr. it. *Genio e follia. Strindberg e Van Gogh*, Raffaello Cortina, Milano 2001.
Kant I., *Kritik der praktischen Vernunft* (1788); tr. it. *Critica della ragion pratica*, Laterza, Roma-Bari 1955.
–, *Kritik der Urteilskraft* (1790); tr. it. *Critica del giudizio*, Laterza, Roma-Bari 1960.
–, *Metaphysik der Sitten* (1797); tr. it. *Metafisica dei costumi*, Bompiani, Milano 2006.
Koffka K., *Principles of Gestalt Psychology* (1935); tr. it. *Principi di psicologia della forma*, Bollati Boringhieri, Torino 1970, nuova edizione riveduta 2006.

Lange C.G., *Les émotions*, Presses Universitaires de France, Paris 1885.
Lasch Ch., *The Minimal Self* (1984); tr. it. *L'Io minimo*, Feltrinelli, Milano 1985.
LeDoux J., *The Emotional Brain. The Mysterious Underpinnings of Emotional Life* (1996); tr. it. *Il cervello emotivo. Alle origini delle emozioni*, Baldini e Castoldi, Milano 1998.
Leeper R.W., *A Motivational Theory of Emotion to Replace "Emotion as Disorganized Response"*, in "Psychological Review", n. 55, 1948.
Lévy-Bruhl L., *Les fonctions mentales dans les sociétés inférieures* (1910); tr. it. *Psiche e società primitive*, Newton Compton, Roma 1970.
Lindsley D.B., *Emotion*, in S.S. Stevens (a cura di), *Handbook of Experimental Psychology*, Wiley, New York 1951.
Lipps Th., *Ästhetik. Psychologie des Schönen und der Kunst*, Suphan, Hamburg 1903-1906.
Lupton D., *The Embodied Computer/User*, in M. Featherstone, R. Burrows (a cura di), *Cyberspace, Cyberbodies, Cyberpunk*, Routledge, London 1996.
MacLean P.D., *Psychosomatic Disease and the "Visceral Brain"*, in "Psychosomatic Medicine", n. 11, 1949.
–, *The Triune Brain, Emotion and Scientific Bias*, in F.O. Schmitt (a cura di), *The Neurosciences: Second Study Program*, Rockefeller University Press, New York 1970, pp. 336-348.
Mann Th., *Buddenbrooks. Verfall einer Familie* (1901); tr. it. *I Buddenbrook. Decadenza di una famiglia*, Einaudi, Torino 2014.
Matte Blanco I., *The Unconscious as Infinite Sets. An Essay in Bi-logic* (1975); tr. it. *L'inconscio come insiemi infiniti. Saggio sulla bi-logica*, Einaudi, Torino 1981.
McDougall W., *An Introduction to Social Psychology*, Methuen, London 1908.
Mead G.H., *Mind, Self and Society* (1934); tr. it. *Mente, sé e società*, Giunti-Barbera, Firenze 1966.
Merleau-Ponty M., *Phénoménologie de la perception* (1945); tr. it. *Fenomenologia della percezione*, il Saggiatore, Milano 1972.
Minkowski E., *Le temps vécu* (1968); tr. it. *Il tempo vissuto*, Einaudi, Torino 1971.
Montaigne M. de, *Essais* (1580-1588); tr. it. *Saggi*, Bompiani, Milano 2012.
Musil R., *Der Mann ohne Eigenschaften* (1930-1942); tr. it. *L'uomo senza qualità*, Einaudi, Torino 1972.
Nardone G., Cagnoni F., *Perversioni in rete. Le psicopatologie da internet e il loro trattamento*, Ponte alle Grazie, Firenze 2002.
Nietzsche F., *Also sprach Zarathustra. Ein Buch für Alle und Kei-*

nen (1883-1885); tr. it. *Così parlò Zarathustra. Un libro per tutti e per nessuno*, in *Opere*, vol. VI, 1, Adelphi, Milano 1968.
Novalis (Friedrich Leopold von Hardenberg), *Fragmente* (1795-1800); tr. it. *Frammenti*, Rizzoli, Milano 1976.
Odifreddi P., *Idee per diventare matematico*, Zanichelli, Bologna 2005.
Omero, *Iliade, Odissea*, Utet, Torino 1998-2001.
Osgood Ch., *Method and Theory in Experimental Psychology*, Oxford University Press, New York 1956.
Panksepp J., *Affective Neuroscience. The Foundation of Human and Animal Emotions*, Oxford University Press, New York 1998.
Platone, *Fedone, Fedro, Alcibiade maggiore, Gorgia*, in *Tutti gli scritti*, Rusconi, Milano 1991.
Plutchik R., *The Emotions. Facts, Theories and a New Model*, Random House, New York 1962.
–, *Emotion: A Psychoevolutionary Synthesis*, Harper & Row, New York 1980.
Pribram K.H., *The Biology of Emotions and Other Feelings*, in R. Plutchik, H. Kellerman (a cura di), *Emotion: Theory, Research and Experience*, Academic Press, New York 1980.
Russell Hochschild A., *The Commercialization of Intimate Life. Notes from Home and Work* (2003); tr. it. *Per amore o per denaro. La commercializzazione della vita intima*, il Mulino, Bologna 2006.
Sartori G., *Homo videns. Televisione e post-pensiero*, Laterza, Roma-Bari 1998.
Sartre J.-P., *Esquisse d'une théorie des émotions* (1939); tr. it. *Idee per una teoria delle emozioni*, Bompiani, Milano 1962.
–, *L'être et le néant* (1943); tr. it. *L'essere e il nulla*, il Saggiatore, Milano 1968.
Scheler M., *Wesen und Formen der Sympathie* (1923); tr. it. *Essenza e forme della simpatia*, Città Nuova, Roma 1980.
Sereny G., *Into that Darkness* (1974); tr. it. *In quelle tenebre*, Adelphi, Milano 1994.
Siegel D.J., *The Developing Mind* (Second Edition 2012); tr. it. *La mente relazionale. Neurobiologia dell'esperienza interpersonale*, Raffaello Cortina, Milano 2013.
Simone R., *Postfazione* a C. Stoll, *Confessioni di un eretico high-tech*, Garzanti, Milano 2001.
–, *Persi nella rete*, Garzanti, Milano 2012.
Sommers P. van, *Jealousy* (1988); tr. it. *La gelosia*, Laterza, Roma-Bari 1991.
Stendhal (Marie-Henri Beyle), *Rome, Naples et Florence, en 1817*

(1817); tr. it. *Roma, Napoli e Firenze nel 1817*, Editori Riuniti, Roma 1943.

Stoll C., *High-Tech Heretic* (1999); tr. it. *Confessioni di un eretico high-tech. Perché i computer nelle scuole non servono e altre considerazioni sulle nuove tecnologie*, Garzanti, Milano 2001.

Strayer J., *Affective and Cognitive Perspectives on Empathy*, in N. Eisenberg, J. Strayer (a cura di), *Empathy and its Development*, Cambridge University Press, New York 1987.

Taylor F.W., *The Principles of Scientific Management* (1911); tr. it. *L'organizzazione scientifica del lavoro*, Mondadori, Milano 1967.

Tisseron S., *Vérités et mensonges de nos émotions* (2005); tr. it. *Verità e menzogna delle emozioni*, Ponte alle Grazie, Milano 2006.

Titchener E.B., *A Text-book of Psychology*, Macmillan, New York 1909.

Vespucci G., *Lettera a "D – La Repubblica delle donne"*, 16 gennaio 2021.

Watson J.B., Rayner R., *Conditioned Emotional Reactions*, in "Journal of Experimental Psychology", n. 3, 1920.

Whitehead A.N., *Science and the Modern World* (1948); tr. it. *La scienza e il mondo moderno*, Bollati Boringhieri, Torino 1979.

Indici degli autori citati

Indice